쓰다 보면 마음이 단단해지는
90일 감정 노트

쓰다 보면 마음이 단단해지는

90일 감정 노트

윤닥 윤동욱 지음

감정 낭비를 줄이는 가장 좋은 쓰기 습관
정신과 의사 윤닥이 전하는 마음 기록법

YD BOOKS
YD PERFORMANCE

프롤로그

저마다의 서툰 감정,
기록으로 마주하길

어느덧 사십 대, 두 아이의 아빠가 되었습니다. 사랑하는 아이들과 아내에게 자주 잔소리하는 저를 보게 됩니다. '왜 그럴까?' 생각하다 이런 결론에 다다랐습니다. 제가 사랑하는 사람들이 좋은 습관으로 일상을 보내길 바랐기 때문이에요. 건강을 챙기는 습관, 해야 할 일을 미루지 않는 습관, 자기 주변을 잘 정돈하는 습관 등등… 모두 중요하고 좋은 습관이죠. 그런데 제가 가장 강조하고 싶은 것은 마음을 돌보는 '감정 습관'입니다.

인지행동치료 중 하나인 '쓰기 치료'는 그날 겪은 사건과 감정을 떠올리고, 그 기분을 최대한 문자로 기록하는 과정입니다. 실제로 마음의 문제를 겪는 환자들은 자신이 적은 노트를 토대로 의사

와 이야기하면서 자신의 감정 패턴을 찾아가지요. 그러면 내 감정이 어떤 순간에 긍정적 혹은 부정적으로 바뀌는지 알 수 있어요. 다양한 감정을 마주하면서 소모적인 감정은 조금씩 흘려보내고 힘이 되는 감정은 더 감사한 마음으로 받아들이는 연습을 해나가요. 살아 있는 모든 감정을 수용하고 나의 서툰 부분까지도 용기 내 끌어안을 수 있는 거예요.

어린 시절을 떠올려 보세요. 우리는 학교 다닐 때 어른들에게 늘 일기를 쓰라는 얘기를 듣곤 했어요. 돌이켜보면 저는 일기 쓰기를 정말 싫어했습니다. 방학 때는 미루고 미루다 개학 전날 거의 눈물 나는 심정으로 일기장을 채웠어요. 그때는 일기가 가지는 의미를 전혀 알지 못했습니다. 오늘 겪은 하루를 적는 것만으로 서툰 감정을 조금씩 조절할 수 있다는 사실을요.

지금보다 더 젊을 때는 저 역시 감정을 온전히 바라보지 못해서 실수한 날이 많았습니다. 그저 외면하고 추측하고 욱해서 후회할 일을 만들곤 했어요. "이제는 완벽히 감정 조절할 수 있나?" 묻는다면 여전히 자신이 없습니다. 어쩌면 '완벽히' 자신의 감정을 통제한다는 건 인간의 욕심일지도 몰라요. 그럼에도 내가 감정을 인지하고 조절하려 애쓰는 이유는 그 과정 자체가 마음 건강에 큰 힘이 된다는 사실을 누구보다 잘 알고 있기 때문이에요. 정신건강의학과 의사로서 환자들을 만나다 보면 그 행운이 어떤 것인지 종종 목격할 수 있습니다. 자신의 진짜 감정을 만난 환자들은 불안하고 초조했던 과거의 표정 대신 그 어느 때보다 편안한 표정을 선물로 얻습니다. 그리고 이 사실을 잊지 않으려고 일상에서 부단히 노력합니다.

누군가 이 노트를 90일간 꾸준히 쓰려고 결심하고 펜을 들었다면 그의 감정 습관 중 일부는 이미 변화가 시작되었다고 봐도 좋습니다. 저도 딱 그 정도의 결심과 용기로 저를 기록하는 일을 지속하려고 애쓰고 있어요. 그러면서 나의 감정 습관이 조금씩 달라지고 있음을 삶에서 느낍니다. 《90일 감정 노트》가 아니라도 더 많은 이들이 자기를 들여다보고 감정을 기록하는 연습을 해나갔으면 합니다. 마음은 있는데 방법을 모르겠다는 이들에게는 의학적 연구 결과인 이 노트가 접근하기 쉬운 하나의 방편이 되면 좋겠습니다.

진료실에서 정신과 의사 윤닥 올림

차례

프롤로그   저마다의 서툰 감정, 기록으로 마주하길   005

1부   오늘 하루 어땠나요?   010

    마음 에세이   012

2부   오늘의 감정에 이름표를 달아요   032

    나도 나를 잘 모르겠어서   034
    감정을 알아야 하는 이유   036
    감정에 이름표를 달아요   039
    감정을 기록하는 방법   044
    나를 위로하는 또 다른 방법들   050

| 3부 | 90일 감정 기록 | .... 056 |

감정 노트 작성법   058
감정 노트 시작하기   068
> **이달의 기분 모아보기**
> **나의 일주일 체크하기**
> **하루하루 기분 노트**
> **to do list**
> **자동 사고 기록지**

| 부록 | 기록을 돕는 도구 |

> **감정 스티커**
> **명언 스티커**

1부

오늘 하루 어땠나요?

마음 에세이

오늘 하루 어땠나요?

평소보다 좋은 일이 있어서 온종일 구름 위를 걷는 기분이었다고요?

도대체 무슨 일이 있었던 건가요?

좋아하는 사람이 당신과 같은 마음이라는 사실을

확인하기라도 했나요?

회사에서 당신이 이룬 어떤 일로

만인에게 인정을 받았을 수도 있겠네요.

기분 좋은 감정을 느꼈다면 당신의 오늘이 더욱 궁금해집니다.

매일같이 설렘, 행복만을 느끼며 살 수 있다면 좋겠지만

우리 일상은 좋은 감정만으로는 흘러가지 않아요.

때때로 우울하고 이유도 없이 축 처지는 하루,

괜찮아지고 싶지만 좀처럼 마음이 마음대로 안 되는 날도 있어요.

맞아요, 이유도 없이 아침에 눈을 뜨자마자 아무것도 하기 싫은

오늘의 당신처럼요.

"오늘 무슨 일 있어? 기운이 없어 보이네."

"그럼 이렇게 해보는 건 어때?"

이상하게 이런 날은 누구의 말도 귀에 들어오지 않아요.

세상에 단 한 명이라도 내 마음을 알아주면 좋겠는데,

내 마음을 나도 모르겠고 설명도 안 되니 그저 답답할 따름이에요.

주변 사람들 말처럼 단지 마음이 너무 약한 게 문제일까요?

왜 굳이 긍정적으로, 열심히 살아야 하는지도 모르겠어요.

마음이 힘들 때는 그 감정의 종류를
조금 더 깊이 들여다볼 필요가 있어요.
슬픔인지, 분노인지, 우울인지, 불안인지…
감정의 종류를 알고 나면 진짜 원인에
더 가까이 다가갈 수 있거든요.

그런데 더 중요한 사실이 있어요.
마음이 힘들거나 슬픈 게 내 탓은 아니라는 거예요.
그러니 애써 괜찮은 척, 모든 게 좋은 척
자신과 주변을 속이지 않아도 돼요.
그럴 때는 자기 마음을 평소보다 더 깊이 들여다보고
충분히 보듬어주기로 해요.

이런 날이 있어요.

갑자기 숨이 턱 막히고 주변 사람들이

나를 비웃는 것처럼 느껴져요.

거대한 사회 속 톱니바퀴는 그 어느 때보다 원만히 돌아가는데,

나만 혼자 그 바퀴에 눌려 이러지도 저러지도 못하는 기분,

그 무력함은 아무도 이해할 수 없을 거예요.

모두가 저를 앞질러만 가요.

저는 왜 항상 뒤처져야만 할까요?

이렇게 자신감 없는 내가 밉고 원망스럽기까지 해요.

이런 나를 누가 좋아할 수 있겠어요.

'내가 그렇지 뭐.'

'나는 원래 그래.'

'나는 이 정도밖에 안 되는 사람이야.'

당신이 생각하는 '원래 그런' 사람은 어떤 특징이 있나요?

잘하는 일은 하나도 없고 운조차 따르지 않는,

불행하고 늘 실패만 하는, 그런 사람인가요?

그런데 잘 생각해보세요.

삶에서 단 한 번의 실패도 없이,

뭐든 이루기만 하는 사람이 있을까요?

내가 나를 부정하고 싶을 때는

그만큼 내가 지쳐있다는 사실을 떠올리는 편이 좋겠어요.

오늘 하루 부족했다고 내일의 나,

더 먼 미래의 나까지 '가치 없는 사람'이 될 필요는 없으니까요.

'사랑받을 자격이 있다, 없다'를 가르는

명확한 선 같은 건 존재하지 않아요.

조금 더 버틸 수 있는 사람, 실패로 배우는 사람,

다음에는 더 잘할 수 있는 사람…

이런 식으로 또 다른 내 모습을 선택해보는 건 어때요?

우리는 매일, 조금씩 다른 나와 만납니다.

평소보다 조금 멋있었던 나,

오늘따라 허둥대던 실수투성이 나,

끝도 없이 이어지는 경쟁에 의기소침해진 나,

좋아하는 사람과 특별한 시간을 보낸 나…

그때마다 우리 감정은 요동치고 이어지면서

'삶'이라는 거대한 그림을 이뤄가요.

조각, 조각이 모여 하나의 퍼즐이 완성되듯이, 그렇게요.

어두운색 조각이 있으면 밝은색 조각이 있습니다.

불편한 감정도 느끼지만,

때로는 말로 설명하기 벅찬 행복감도 느끼죠.

자기 안에 존재하는 다양한 색깔의 감정을

알아채고 구분하기 시작하면,

그때부터 당신은 진정으로 '나'라는 존재를

보듬고 이해할 수 있답니다.

"오늘 힘들었겠다."

"너, 정말 잘하고 있어."

"굳이 지금 결정할 필요는 없어."

"지루한 날도 있을 수 있지."

처음부터 내 안에 일어나는 모든 생각과 마음을

알아차릴 수는 없을 거예요.

내가 뭘 좋아하고 어떨 때 기뻐하는 사람인지,

언제 우울하고, 또 어떤 순간에 마음의 여유를 잃어버리는지,

그럴 때 잠시나마 내 감정을 환기하게 하는 존재는 무엇인지…

싫고 좋음의 이유를 찾고 정리하는 습관은

아주 사소해 보이지만, 쌓이면 쌓일수록 거대한 힘이 됩니다.

드넓은 우주 속에 홀로 떨어진 듯 막막했을 당신 마음에

둘도 없는 친구가 생기는 거예요.

그 든든한 친구 덕분에 당신의 매일은 조금씩 달라질지도 몰라요.

2부

오늘의 감정에 이름표를 달아요

나도
나를 잘
모르겠어서

"이번 주 기분은 어떠셨어요?"

제가 진료실에서 환자분을 만날 때 가장 많이 하는 질문 중 하나입니다. 사람들은 대부분 자신의 감정을 제대로 이해하고, 말로 설명하기 어려워 합니다.

"글쎄요." "괜찮았어요." "별일 없었어요."

이런 대답이 가장 많지요. 정말로 아무 일이 없을 때도 있지만, 조금 더 질문해보면 결과는 사뭇 다릅니다. 실제로는 다양한 감정의 소용돌이로 꽤 지친 상태인 거예요. 단지 표현이 서툴 뿐, 우리는 살아가면서 하루에도 몇 번씩 감정이 오르락내리락하는 상황을 겪게 됩니다. 그것이 부정적인 감정이든, 긍정적인 감정이든 말이죠.

마음에 문제가 있다고 느끼는 사람들은 대개 부정적인 감정을 극도로 두려워하고 이 감정 때문에 내가 불행해졌다고 여깁니다. 그리고 그 감정은 내 생활환경과 기타 스트레스로 비롯되었다고 지레짐작하죠. "그 사람 때문이에요." "그 일만 아니었어도…"

물론 그게 틀린 접근은 아닙니다. 하지만 우리는 보통 한 가지 이상의 기분을 동시에 느끼는 존재입니다. 그래서 기분mood은 일시적이라기보다 지속적인 상태의 누적입니다. 반면 느낌feeling은 어떤 경험에 따른 뚜렷하고 순간적인 상태를 의미합니다. 사건이나 상황을 해석하고 판단하는 과정에서 신체적, 행동적, 인지적 심리 반응이 일어나는데, 그것이 긍정적 혹은 부정적 형태의 감정emotion으로 표출되는 것이죠.

감정을 알아야 하는 이유

"적절한 어휘로 감정을 표현할 줄 모르면 감정에 이름을 붙일 수 없고, 이름을 붙이지 못하면 제대로 숙고하거나 예측할 수도 없다."
_《감정의 발견》, 마크 브래킷 지음

사람마다 감정을 구별하고 지각하는 능력은 조금씩 다릅니다. 하지만 감정을 정확히 인지하고 그 변화와 흐름을 어느 정도 예측하게 된다면 자신의 감정을 조절하는 과정에 한 발짝 더 다가설 수 있어요.

그렇다면 감정 조절은 무엇일까요? 부정적인 감정을 느끼지 않는 것이 아니라, 그 감정에 압도되지 않은 채 빠져나오거나 더 나아가 적절히 감정을 이용할 줄 아는 능력입니다. 좋은 감정이든 그렇

감정의 인지모델

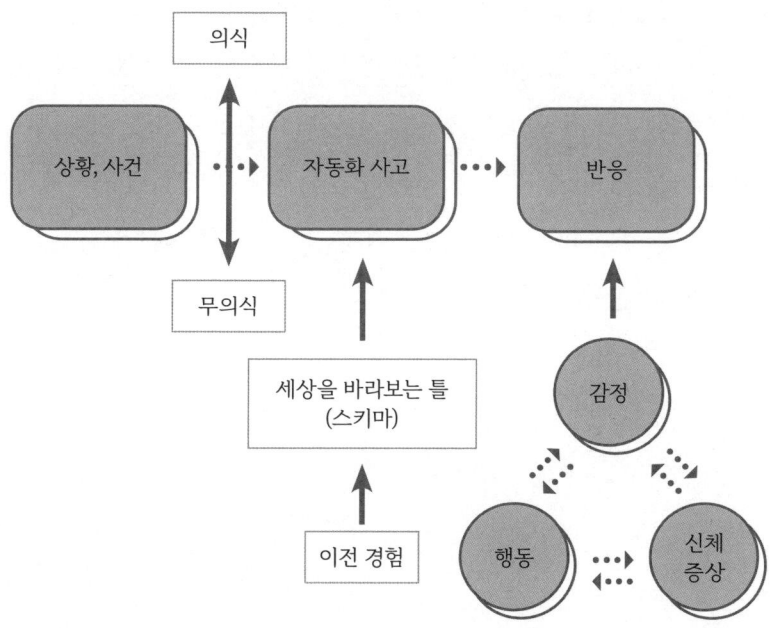

지 않은 감정이든, 그 느낌을 억누르거나 무시하지 않아야 해요. 회피, 억압이 아니라 정면으로 감정과 마주하면 긍정적인 감정을 극대화하고 부정적인 감정을 극소화해 감정에 휘둘리지 않는 삶을 영위할 수 있습니다. 다시 말해 감정 조절은 잘 참거나 억누르는 것도 아니고, 감정을 분출하며 푸는 것도 아닙니다. 외부나 내부의 자극과 반응 사이에서 왜곡된 생각을 줄이는 과정이죠.

　인지모델을 예로 들어 설명해보겠습니다. 감정은 생각에 기인합니다. 그리고 사람마다 생각하는 습관에 고유성이 있지요. 그리고 그 패턴이 어떤 상황을 마주했을 때 기존과 유사한 감정을 불러일

으킵니다. 그러니까 우리의 뇌는 외부 자극과 사건을 자신만의 방식으로 해석하고 반응하게 설계되었다는 애기입니다.

그래서 생각하는 습관은 감정 조절과 깊은 연관이 있습니다. 만약 자극에 따른 결과로 걱정, 불안 등 과민한 감정을 자주 내놓았던 경험이 있다면 사고 패턴 즉, 생각하는 단계에서 감정 패턴을 분석할 필요가 있습니다. 그리고 그 전에 감정에 정확한 이름을 다는 연습이 선행되면 좋겠죠?

감정에 이름표를 달아요

　마음의 고통이 오래 이어지는 이유가 뭔지 아세요? 스트레스가 쌓일 만한 사건을 경험하면 그로 인해 부정적인 생각이 자리 잡고, 이후에도 그 생각을 떨치기 쉽지 않기 때문이에요. 하지만 앞서 설명한 것처럼 감정을 직시하고 조금씩 조절하다 보면 삶이 조금은 가벼워지지요. 그 과정이 반복되면 비로소 '행복'이라는 감정도 어색하지 않게 받아들일 수 있어요. 그래서 어떤 이는 세상이 말하는 부정적인 감정, 나쁜 감정을 그저 '서툰 감정'일 뿐이라고 말한답니다.

　심리학에서 감정을 이렇게 저렇게 분류하려는 시도는 늘 있었습니다. 그중 《감정의 발견》 저자이자 예일대학교 감정지능센터 센터장인 마크 브래킷 교수는 감정을 측정하는 '무드 미터Mood Meter

무드 미터 모델

격분	공황 상태	스트레스 상황	초조한	충격	놀란	긍정적	흥겨운	아주 신나는	황홀
격노	몹시 화가 난	좌절	날카로운	망연자실	들뜬	쾌활	동기부여	영감	의기양양
화가 치밀어 오른	겁먹은	화난	초조한	안절부절	기운 넘치는	활발한	흥분	낙관적	열광
불안	우려	근심	짜증	거슬리는	만족	집중	행복	자랑 스러운	짜릿한
불쾌한	골치 아픈	염려	불편한	엇짢은	유쾌	기쁨	희망	재미있는	더없이 행복한
역겨운	침울	실망	의욕 없는	냉담	속 편한	태평한	자족	다정한	충만한
비관적	시무룩	낙담	슬픈	지루한	평온	안전	만족	감사	감동
소외된	비참함	쓸쓸한	기죽은	피곤	여유로운	차분한	편안	축복받은	안정적인
의기소침	우울	뚱한	기진맥진	지친	한가로운	생각에 잠긴	평화	근심 없는	거슬리는
절망	가망 없음	고독	소모적	진이 빠진	나른한	흐뭇한	고요한	안락한	안온한

(세로축: 에너지 레벨 정도 / 가로축: 유쾌한 정도)

모델'을 제안했습니다. 유쾌하지는 않지만, 에너지 레벨이 높은 상태/ 유쾌하지 않고 에너지 레벨이 낮은 상태/ 유쾌하고 에너지 레벨이 높은 상태/ 유쾌하고 에너지 레벨이 낮은 상태가 바로 그것입니다. 기쁨, 슬픔, 공포, 혐오, 흥분, 경외감 등등 우리가 아는 적절한 단어를 활용해 조금 더 적합한 감정이 무엇인지 찾아보는 연습을 해보세요.

두 번째로 소개할 감정 분류는 미국의 심리학자 로버트 플루치크Robert Plutchik가 개발한 감정 바퀴Emotion Wheel 모델입니다. 인간의 기본 감정을 크게 8개로 나누고 이 감정 간의 교집합 및 축소, 확장으로 더 복잡한 감정이 파생되는 식이에요. 그래서 감정 바퀴 표를 보면 크기가 다른 세 개의 원이 보입니다. 원 가장 안쪽과 바깥쪽을 오가며 감정과 감정은 서로 결합해 유사하면서도 다른 감정으로 규정됩니다. 우리는 이 과정으로 인간의 감정과 감정이 얼마나 복잡하게 얽혔는지를 확인할 수 있어요.

기본 감정 8개 정의하기

기쁨(Joy) | 기분이 좋아지고 행복을 느끼는 감정
신뢰(Trust) | 다른 사람을 믿거나 의지하는 감정
공포(Fear) | 위험을 예측하거나 경험할 때 느끼는 감정
놀람(Surprise) | 예상하지 못한 일이 일어난 상황에서 느끼는 감정
슬픔(Sadness) | 상실, 실망 등을 경험했을 때 느끼는 감정
혐오(Disgust) | 강한 불쾌감과 반감을 느끼는 감정
분노(Anger) | 적대적인 감정
기대(Anticipation) | 미래에 일어날 일을 예상하는 감정

기본 감정이 생겨나는 이유

분노(Anger) | 문제에 맞서 싸우기 위해

공포(Fear) | 위험에서 스스로 보호하기 위해

기대(Anticipation) | 무언가를 소망하거나 계획하기 위해

놀람(Surprise) | 새로운 환경에 집중하고 적응하기 위해

기쁨(Joy) | 삶에서 무엇이 중요한 가치인지를 기억하기 위해

슬픔(Sadness) | 사랑하는 것을 발견하고 그것과 이어지기 위해

신뢰(Trust) | 나를 도와주는 사람과 연결되기 위해

혐오(Disgust) | 내게 해로운 것을 거부하기 위해

플루치크의 감정 바퀴

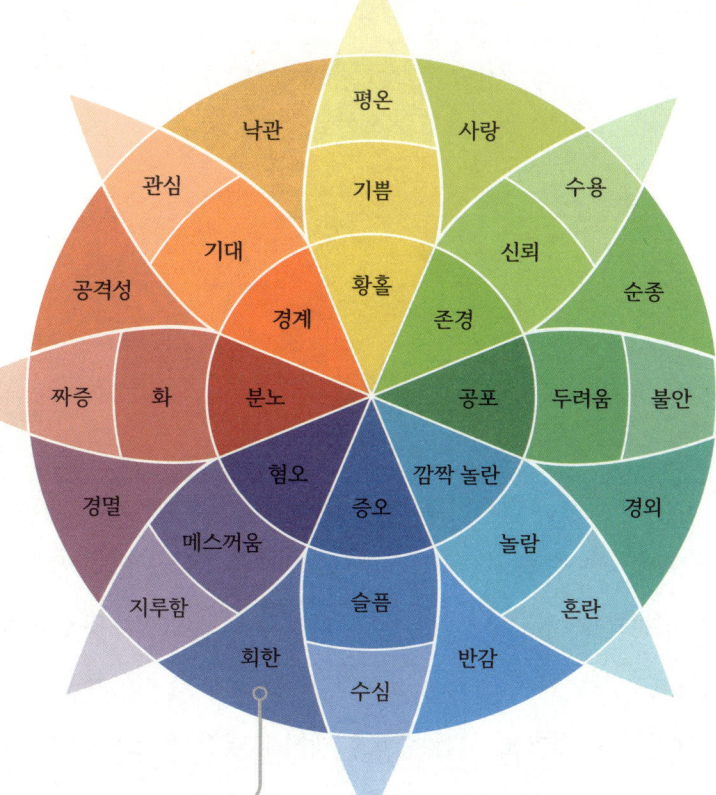

- 감정 바퀴에서 색깔이 진한 부분은 강한 감정, 연한 부분은 순한 감정을 의미한다. 기본 감정들이 합쳐지면 복합적인 감정 즉, 이중 감정이 발생하는데, 특히 이 영역은 사람들이 평소 자주 느끼는 이중 감정을 나타낸다.

감정을
기록하는
방법

　이 감정 노트는 하루하루 내 감정이 어떻게 변하는지를 인식하고 파악하는 데 목적을 둡니다. 그동안 학자들이 분류했던 여러 감정 중 비교적 확연히 구분되는 18개 감정을 중심으로 나를 알아가는 연습을 하는 거예요. 막상 노트를 펼쳤을 때 뭘 적어야 좋을지 막막하실 수도 있어요. 그런 상황을 대비해 어떤 생각으로 기록을 써 내려가야 할지 쉽게 설명해볼게요.

18개의 기본 감정

· STEP 1 ·

감정을
떠올려요

...

오늘 하루 어땠나요? 기분을 떠올려보세요. 복합적인 감정 중 내 머릿속, 마음을 가장 큰 비중으로 차지하는 기분은 무엇인가요? 이렇게 기분을 떠올리고 마주하는 과정이 왜 필요하냐고요? 귀찮고 어려워도 이 과정을 지나야 감정 조절에 다다를 수 있어요. 눈을 감고 주먹을 휘두르는 격투기 선수를 본 적이 있나요? 싸울 상대를 바라보지 않으면 어떤 경기에서도 이길 수 없듯이 감정과의 싸움도 마찬가지예요. 만약 여러분이 감정 조절에 취약한 편이라면 순간순간 감정을 인지하는 능력을 키우는 게 좋아요.

· STEP 2 ·

감정을
적어보세요

...

이 감정 노트는 서울대학교병원 하규섭 교수 연구팀이 양극성 장애를 겪고 있는 환자 치료용으로 개발한 기분 기록지를 조금 변형한 거예요. 일반인도 쉽게 자신의 감정을 따라가 봤으면 했거든요. 우리는 대개 어린 시절, 원초적인 본능에 기대 감정을 표출했어요. 하지만 나이가 들면서는 다른 방식으로 감정을 표현하고 다루게 되죠. 그러는 사이 솔직한 감정을 감추려는 욕구도 같이 커졌습니다. 자기감정에 둔해졌다고 느낄 때 감정 노트에 적힌 질문을 스스로 던져보세요. 그리고 그 어느 때보다 솔직하게 반응해보세요. 가장 손쉬운 방법은 연상되는 감정이나 상황, 생각 등을 적어보는 거예요. 문장이 수려하거나 논리정연할 필요는 없습니다. 내 생각이나 감정을 언어로 옮기는 과정만으로도 스트레스는 줄어들 수 있어요. 실제로 정신의학에서는 트라우마 치료용으로 '쓰기'[1]를 권장한답니다. 또 한 가지 중요한 점! 감정과 생각을 잘 구분해야 해요. 나의 해석과 판단을 감정과 혼동하지 않도록 주의하세요.

1 쓰기노출치료 Written Exposure Therapy, WET

· STEP 3 ·

감정을 분석해요

...

'감정 분석'이라고 하면 뭔가 거창하게 들리죠? 앞에서 소개했던 인지모델을 떠올려보세요. 모델에 따르면 어떤 사건과 상황을 해석하는 건 생각이고, 이 과정으로 감정이 결정됩니다. 감정은 또 신체적 반응과 행동을 낳지요. 감정을 분석한다는 건 감정이 태어난 원인을 찾는 일이에요. 우리의 생각과 감정은 늘 빠르게 스쳐 지나가요. 그래서 **STEP 2**에서 권한대로 노트에 적는 과정이 필요한 거예요. 그 내용을 보면서 일상을 돌아보면 '아, 그때 내가 그래서 그랬구나' 하고 깨닫는 순간이 분명 찾아올 거예요. 그런 식으로 "내가 또 그랬구나" 하는 감정의 습관을 파악할 수 있답니다.

· STEP 4 ·

다르게
생각해봐요

...

내가 느낀 감정, 그에 따른 내 행동과 신체적 반응을 이해하게 되었다면 당시 내 생각이 정말로 객관적이고 합리적이었나 살펴볼 필요가 있어요. 무조건 긍정적으로만 생각하는 것도, 덮어두고 좌절하고 분노하는 것도 썩 좋은 방향은 아니에요. 감정을 인식하고 분석했던 것처럼 내 생각과 거리를 둬보세요. 내가 느낀 감정을 객관적으로 바라보는 거죠. '혹시 내가 그 사람의 말을 꼬아봤던 건 아닐까?' '그 상황이라면 내가 아닌 다른 사람들도 나처럼 느꼈을까?' '내가 미움받는다고 생각하는 건 착각일지도 몰라.' 극에 치달은 감정을 느꼈을 때는 이런 식으로 질문하면서 생각을 객관적으로 검토해보세요. 인지치료에서 활용되는 '소크라테스 질문법'[2]을 익혀 생각을 바꾸는 연습을 시도하거나, 가까운 누군가에게 상의하는 방법도 추천해요.

---

[2] 소크라테스 질문법은 무의식적으로 떠오른 생각이 객관적으로 맞는 사실인지, 증거가 있는지 등을 검증하는 문답법으로 비판적 질문과 적극적인 경청을 주요소로 한다.

나를 위로하는
또 다른
방법들

사람에게 새로운 습관이 형성되고 자리 잡기까지 저마다 편차는 있지만, 평균 66일이 걸린다고 해요. 그런데 제가 병원에서 환자들의 감정 습관 변화를 지켜보니 두 달 정도 연습하면 습관이 잡힌 것 같다가도 기록을 멈추면 때때로 다시 무너지는 분들이 있었습니다. 그래서 저는 두 달 동안 열심히 기분을 살펴봤다면 다음 한 달은 힘을 빼고 쉬엄쉬엄 가보기를 권합니다. 처음과 같은 필사적인 마음이 아니라도 90일을 다 채우고 나면 그 자체로 뿌듯함이 밀려올 거예요. 이때는 기분 기록과 함께 나를 위로할 다른 방법을 발견하는 게 도움이 됩니다. 정신의학에서 감정 조절 및 치유에 유용하다고 보는 몇 가지 방법을 추천합니다.

운동

몸을 힘차게 움직여 땀을 내면 속이 후련하고 기분이 제법 괜찮아지지 않나요? 사실 이건 기분 탓이 아닙니다. 우리 몸에 세로토닌이라는 성분이 부족하면 우울증에 걸리기 쉬운데, 운동으로 세로토닌 부족을 예방할 수 있거든요. 운동을 하면 뇌와 혈액에서 세로토닌 합성에 필요한 '트립토판'이라는 물질을 많이 만들어냅니다. 또 한 가지! 운동은 '행복의 마약'이라고도 일컫는 엔도르핀의 분비를 촉진해 심리적 안정을 가져옵니다. 규칙적인 운동으로 주변에서 긍정적인 칭찬을 받으면 자존감이 높아지기도 해요. 운동이 익숙하지 않다면 낮은 강도로 부담 없이 시작해 조금씩 강도를 높여보세요. 스코틀랜드 진료 지침[1]은 우울감 호전을 위해 일주일에 3~5회, 유산소 30분 이상 수준의 운동을 권하고, 영국 국립보건임상연구원[2] 지침은 구조화·지도 및 감독하에 주 3회(10~14주간), 45~60분을 권한답니다. 바빠서 운동할 여유가 없다고 느껴지면 낮은 목표를 세워 하루에 10~20분 정도 가벼운 걷기부터 시작해보세요.

---

[1] 스코틀랜드 진료지침(scottish Intercollegiate Guideline Network Guideline, SIGN)
[2] 영국 국립보건임상연구원(National Institute for Health and Clinical Exellence Guideline, NICE) 지침

독서

우리는 앞에서 감정이 얼마나 다양한 이름으로 분류될 수 있는지를 확인했습니다. 그런데 책을 읽는 행위 즉, 독서는 언제나 사람들의 여러 감정을 자극합니다. 그 말은 역으로 현재 나의 감정 상태에 따라 독서의 경험이 무궁무진 달라질 수 있음을 의미합니다. 지적 호기심이 채워져 충만함을 느낄 수도 있고, 소설이나 에세이에 등장한 화자 혹은 주변 인물에 공감하다 보면 내 감정 경험치가 더 폭넓게 확장하기도 하죠. 감정의 폭이 넓어진다는 것은 그만큼 주변 사물과 상황에 남다른 이해를 가지게 된다는 뜻이에요. 기분 조절을 위해 책을 읽을 때는 몇 가지를 참고해주세요. 먼저 내가 충분히 즐길 수 있는 장르나 관심사의 책을 고르세요. 어떤 책은 좋고 어떤 책은 나쁘고, 이런 조건을 붙일 필요는 없습니다. 내가 기분이 좋아진다면 그뿐, 책을 꾸준히 읽을 환경과 습관을 기르는 게 더 중요해요. 하루 10~30분 정도 시간을 정해 계속 읽는 연습을 해보세요. 독서만으로 시간을 채우기 어렵다면 평소 좋아하는 활동을 연결해보는 것도 좋습니다. 음악을 듣거나 커피를 마시며 책을 읽는 식이에요. 마지막으로 정말 중요한 것! 읽은 내용을 다른 사람들과 공유하거나 인상 깊었던 부분을 적어보는 것도 독서의 유익을 극대화합니다. 내 생각과 감정을 풍부하게 하는 시간을 차곡차곡 쌓아 가길 추천합니다.

호흡

호흡과 불안은 긴밀한 관계입니다. 평소 숨 쉬는 방법에 따라 우리 몸은 더 긴장할 수도, 편안한 상태를 유지할 수도 있어요. 실제로 공황장애 환자 중 절반 이상은 빠르고 얕은 과호흡 증상을 가지고 있습니다. 깊은 호흡을 꾸준히 연습했을 때 불안도가 낮아진다는 사실은 의학연구[1]로도 살펴볼 수 있습니다. 평소 불안이 높은 사람들로 구성된 실험군 중 한 그룹에 가슴으로 들이쉬는 얕은 숨이 아닌, 복부로 깊게 숨을 들이마시는 '횡경막 호흡 이완 강좌'를 듣게 한 뒤 이를 하루에 두 번 연습하도록 했습니다. 8주가 지나고 이들은 호흡을 연습하지 않은 다른 그룹에 비해 덜 불안하다고 느꼈습니다. 신체 증상 또한 낮은 심박수, 느린 호흡, 낮은 피부 전도성 등 불안감이 감소된 상태를 반영하고 있었어요. 마신 숨을 훅 내쉬는 '호기' 과정이 몸을 이완하는 부교감신경을 활성화시키는데, 평소에도 호흡 중 이 호기의 비율을 늘리는 게 좋답니다. 호흡 횟수 깊이, 호기 비율을 늘 신경 쓰세요. 와이디 정신건강의학과가 정리한 긴장 이완 훈련법[2]을 참고해도 좋습니다.

1 The Effectiveness of Diaphragmatic Breathing Relaxation Training for Reducing Anxiety Yu-Fen Chen RN, BSN, MSc,Xuan-Yi Huang RN, MSN, DNS
2 https://youtu.be/WaZEAKiDaCo?si=ETvX-iVGQLIWsoop
(유튜브: 감정의 습관)

스트레스 목록 적기

우리가 고민하는 다양한 스트레스 중 내 의지로 바꿀 수 없는 부분이 있다는 점 알고 있나요? 그래서 내가 뭔가로 힘들어할 때 스트레스 목록을 적어보고 바꿀 수 없는 것과 있는 것을 구분하는 건 꽤 괜찮은 방법이에요. 하지만 바꿀 수 없는 부분은 문제를 해결할 수 없으니, 방법이 없다고 생각되어 더 막막하고 결국 좌절로 이어지지요. 이럴 때는 부정적인 감정을 일으키는 생각을 찾고, 그 생각이 왜곡된 것은 아닌지 점검할 필요가 있어요. 목록을 적어보면 왜곡된 부분을 더 찾기 쉬워요. 내가 비틀어보고 있다는 사실을 깨닫는 것만으로도 마음을 가득 채운 부정적인 감정이 조금 줄어드는 걸 경험하게 될 거예요. 내 왜곡된 생각이 오히려 부정적인 감정의 증폭제가 되었다는 사실을 이해하면 압도당하던 그 감정으로부터 빠져나올 수 있답니다.

문제 해결하기

좋은 생각을 하거나 운동, 취미를 활용해 기분 전환하는 것보다 더 확실한 방법은 스트레스의 원인을 직접 제거하는 일입니다. 앞에서 설명한 '바꿀 수 있는 부분'을 찾아서 해결하는 거죠. 만약 소음이 나를 힘들게 하고 지속적인 스트레스를 줬다? 그럼 이 문제를 해결할 현실적인 방법을 찾아야겠죠. 힘들게 일하고 집에 돌아왔는데, 방이 너저분하면 기분이 확 나빠지고 우울감을 느낄 수 있어요. 그럴 때는 다른 방법보다 청소를 깨끗하게 하는 게 가장 좋은 해결책인 셈이에요. 이처럼 바꿀 수 있을 때에만 적용할 수 있는 방법이지만, 즉각 움직이고 해결하는 데도 연습이 필요합니다. 만약 바꿀 수 없는 문제를 이런 식으로 접근하면 오히려 무력감, 괴로움이 커질 수 있으니 주의하세요.

3부

90일 감정 기록

감정 노트 작성법

본격적으로 감정 노트를 작성해보려 합니다. 페이지마다 어떤 것들을 적을지 설명하고 샘플로 제 기록을 남겨보겠습니다.

하나, 첫 장은 한 달 동안 내 감정의 치우침을 확인할 수 있는, 말하자면 '감정 달력'이에요. 책 뒤 부록에 포함된 감정 스티커를 활용하면 기록이 더 간편해요.

둘, 하루하루 나에게 질문을 던지는 것도 잊으면 안 돼요. 그래서 감정 달력 뒤로는 '나의 일주일 체크하기' 페이지가 이어집니다.

셋, 체크 리스트를 마치면 그날 겪은 사건과 감정이 조금 더 선명하게 다가와요. 그럼 인상 깊은 사건과 상황을 '하루하루 기분 노트' 페이지에 기록할 수도 있겠죠? 이 지면은 수고한 나를 응원하는 역할도 한답니다.

넷, 감정 노트 제일 마지막 부분에는 'to do list' '자동 사고 기록지' 지면이 있어요. 감정 노트를 기록하는 90일 동안 우선 순위로 해야 할 일과 내 감정 습관을 깊이 들여다 보세요.

이달의 기분 모아보기

하루하루 기분을 들여다보기 전에 오늘을 설명할 수 있는 감정 스티커를 골라 붙이세요. 바빠서 기록을 세세히 남기지 못한 날에도 스티커로 표시하면 그날의 기분을 조금은 떠올릴 수 있어요.

2023 년   11 월

일	월	화	수	목	금	토
			1	2	3	4
5	6	7	8	9	10	11
12	13	14	15	16	17	18
19	20	21	22	23	24	25
26	27	28	29	30		

나의 일주일 체크하기

일주일 동안 내 기분의 변화, 생활습관을 체크하는 간단한 질문입니다.
해당되는 내용에 √ 체크하거나 간단한 정보를 적어주세요.

오늘 하루 어땠나요?	
날짜를 표시해주세요.	
매사에 자신감이 있고 잠을 적게 자도 덜 피곤합니다.	3
하고 싶은 말이나 의욕, 자신감에 차 있는 상태예요.	2
기분이 좋고 즐겁고 신이 나며 의욕적이에요.	1
기분은 보통이고 편안합니다.	0
시큰둥하고 의욕이 다소 떨어지나, 맡은 일은 할 수 있어요.	-1
좀 우울하고 자신감과 의욕이 떨어진 상태. 일상생활이 약간 버겁게 느껴져요.	-2
꽤 우울하고 기분이 쳐집니다. 외출, 쇼핑을 포함한 사회생활에 뚜렷한 지장이 있어요.	-3
어젯밤 잠은 몇 시간 잤나요?	
몸무게가 변하지는 않았나요? (변화 있을 때만 기입)	
생리 기간을 표시해주세요 (해당되는 분만 표시)	
술을 마셨다면 종류와 양을 표시해주세요	
오늘따라 폭식하지는 않았나요? (√로 표시)	
공황 혹은 신체 불안 증상이 있었나요? (√로 표시)	
걷기라도 좋아요. 운동을 했다면 종목과 운동량을 적어주세요	
복용 중인 약 때문에 불편한 점이 있었나요? 자세히 설명해주세요	

윤닥의 마음 건강 어드바이스 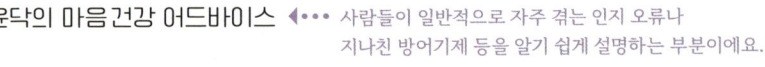 사람들이 일반적으로 자주 겪는 인지 오류나
지나친 방어기제 등을 알기 쉽게 설명하는 부분이에요.

___2023___ 년 ___11___ 월 2주차

월	화	수	목	금	토	일
11/6	11/7	11/8	11/9	11/10	11/11	11/12
		✓				
					✓	
			✓	✓		
	✓					✓
✓						
4	6	8	7	8	7	11
−0.5kg				+1kg		
			맥주 330		샴페인 2잔	
			헬스 50분		산책 40분	

memo ◀••• 이번주에 잡힌 특별한 일정이나 약속을 적는 칸

11/11 빼빼로데이 그리고 오랜만에 아내와 단둘이 데이트

하루하루 기분 노트

오늘 하루, 인상 깊은 사건이 있었나요?
상황을 적고 그때 든 생각을 짧게 기록해보세요.

월	오늘 내가 겪은 일	🔷 이번주 후회 노트
	지난 토요일, 기업인들 대상으로 퍼포먼스 코칭 강연이 있었다. 준비한 시간이 무색하게도 전달이 잘 안 된 느낌. 내가 생각했던 것보다 청중의 연령이 많이 낮았다.	○ 바꿀 수 있는 스트레스 청중의 특징을 제대로 파악하지 못한 점
화	오늘 내가 겪은 일	
	강연 때 느낀 싸한 분위기가 틈만 나면 떠오른다. 후회, 후회, 후회로 가득한 날...	
수	오늘 내가 겪은 일	○ 바꿀 수 없는 스트레스
	담당자에게 연락이 왔다. 강의 평가가 의외로 나쁘지 않았다고 한다. 휴, 다행이다.	
목	오늘 내가 겪은 일	

금	오늘 내가 겪은 일
토	오늘 내가 겪은 일 아이들 없이 오랜만에 아내와 데이트했다. 평소와는 조금 다른 느낌의 식당을 골랐는데, 아내 마음에 들지 고민하는 내 모습이 오랜만이라 조금 낯설기도, 설레기도 했다.
일	오늘 내가 겪은 일 늦잠 자고 일어났더니 하루가 어영부영 간다. 여유로우면서도 심심한 날.

🔹 **다음주의 작은 목표**

헬스 주 3회 채우기

🌟 **이번주, 나에게 남기는 말**

칭찬, 응원, 각오 등 어떤 말도 괜찮아요!
딱히 떠오르지 않으면 부록의 '명언 스티커'를 찾아 붙이세요!

주변 사람들이나 병원을 찾는 환자들에게 자주 건네는 말인데, 정작 내가 다급할 때는 종종 잊는다. 심리학자 알버트 엘리스의 말. "우리가 진짜로 해야 할 것은 이로운 감정과 해로운 감정을 구분하는 것이다"라고.

to do list

11 ● 20 ●

인지행동치료 연구 계획서 정리

치료 워크북 피드백

저녁 6시 가족 모임

11 ● 25 ●

발표 불안 강의 - 강남 오후 1시

유튜브 촬영

영재고 학부모 대상 감정 강의 준비

자동사고 기록지

생각의 습관에서 조금 벗어나 자유로워지고 싶을 때,
내가 끊어내기 어려운 상황을 떠올리며 감정을 기록해 보세요.

1. 상황
   (최근 겪은 일 중 가장 힘든 상황을 떠올리며 최대한 자세히 기록해 주세요.)

   언제: 24년 8월 27일 오후 3시

   어디서: 회사에서

   무엇을, 어떻게: 거래처에 보낼 이메일에 오탈자 실수가 있었다.

2. 감정
   (가장 강렬했던 감정을 고르고 점수를 기록해요. 1~10점)

   분노   슬픔   우울(√ 9점)   성취감   불안   실망   기쁨   기타:

3. 어떤 생각이 떠올랐나요? (상황에 대한 생각)

   메일에 있는 오탈자를 보고 거래처 직원이 나를 형편없다고 생각할 것이다.

4. 최악의 경우, 어떤 일이 일어나리라 생각했나요? (생각으로 인한 결과)

   모두 나를 형편없는 사람이라 판단하고, 나는 결국 회사를 그만두게 될 것이다.

5. 그때 떠오른 이미지는?
   (글로 적기 힘들면 그림을 그리거나 사진을 붙여도 좋아요.)

> 나를 한심하게 바라보고 있는 내 모습.

6. 내가 어떤 사람으로 보였을까?

   자기가 해야 할 일도 제대로 못 챙기는 사람
   단순한 실수를 반복하는 사람
   믿고 일을 맡길 수 없는 사람

자동사고

상황에 대한 생각
+
생각으로 나타날 결과

=

> 거래처 직원은 나를 형편없다고 생각하고, 회사에서도 내 평판은 엉망이 된 채 회사를 그만두게 될 것이다.

7. 생각을 믿는 정도는?   100 %

감정 노트 시작하기

이제부터 진짜 나만의 감정 기록을 시작합니다. 인지행동 치료의 큰 효과 중 하나는 일상에서 후회할 만한 행동을 줄일 수 있다는 거예요. 평소에 감정을 제대로 인지하고, 상황마다 감정의 높낮이를 스스로 조절할 수 있다면 가장 좋지요.

앞에서도 말했듯이 이 노트는 인지행동 '쓰기 치료'를 바탕으로 합니다. 이 방법이 자기 효능감, 상위인지 능력을 높이는 데 탁월하다는 사실은 이미 여러 의학 연구로 입증되었어요. 쉽게 설명하면 어떤 문제를 자기가 가진 능력으로, 성공적으로 해결할 수 있다는 신념이 자기 효능감, 자기 사고를 비판적·객관적으로 볼 수 있는 능력이 바로 상위인지 능력이에요. 상위인지 능력이 발달한 사람들은 자신의 선택이나 행동이 어떤 결과를 가져올지를 짐작할 수 있어서 냉정하게 상황을 분석하고 입장을 취하곤 한답니다.

이 노트를 성실히 적어 내려가다 보면 어느새 자기 안의 감정들이 어떤 식으로 흘러가고 있는지 스스로 깨달을 수 있을 거예요. 귀찮고 어려운 순간도 있겠지만, 무엇보다 끝까지 포기하지 않는 게 가장 중요하답니다. '쓰기 시간'으로 지금보다 더 평안해지길! 건투를 빌겠습니다.

이달의 기분 모아보기

하루하루 기분을 들여다보기 전에 오늘을 설명할 수 있는
감정 스티커를 골라 붙이세요. 바빠서 기록을 세세히 남기지 못한 날에도
스티커로 표시하면 그날의 기분을 조금은 떠올릴 수 있어요.

_____년 ____월

일	월	화	수	목	금	토

나의 일주일 체크하기

일주일 동안 내 기분의 변화, 생활습관을 체크하는 간단한 질문입니다.
해당되는 내용에 √ 체크하거나 간단한 정보를 적어주세요.

오늘 하루 어땠나요?		
날짜를 표시해주세요.		
매사에 자신감이 있고 잠을 적게 자도 덜 피곤합니다.	3	
하고 싶은 말이나 의욕, 자신감에 차 있는 상태예요.	2	
기분이 좋고 즐겁고 신이 나며 의욕적이에요.	1	
기분은 보통이고 편안합니다.	0	
시큰둥하고 의욕이 다소 떨어지나, 맡은 일은 할 수 있어요.	-1	
좀 우울하고 자신감과 의욕이 떨어진 상태. 일상생활이 약간 버겁게 느껴져요.	-2	
꽤 우울하고 기분이 쳐집니다. 외출, 쇼핑을 포함한 사회생활에 뚜렷한 지장이 있어요.	-3	
어젯밤 잠은 몇 시간 잤나요?		
몸무게가 변하지는 않았나요? (변화 있을 때만 기입)		
생리 기간을 표시해주세요 (해당되는 분만 표시)		
술을 마셨다면 종류와 양을 표시해주세요		
오늘따라 폭식하지는 않았나요? (√로 표시)		
공황 혹은 신체 불안 증상이 있었나요? (√로 표시)		
걷기라도 좋아요. 운동을 했다면 종목과 운동량을 적어주세요		
복용 중인 약 때문에 불편한 점이 있었나요? 자세히 설명해주세요		

윤닥의 마음건강 어드바이스

| 흑백논리의 오류 |

흑백논리는 선택지 사이에 수많은 연속적인 개념이 있음에도 그 상황을 흑과 백 즉, '이것' 아니면 '저것'이라는 두 개 범주로만 바라보는 관점이에요.

나의 일주일 체크하기

_____년 ____월 1주차

	월	화	수	목	금	토	일

memo

하루하루 기분 노트

오늘 하루, 인상 깊은 사건이 있었나요?
상황을 적고 그때 든 생각을 짧게 기록해보세요.

월	오늘 내가 겪은 일
화	오늘 내가 겪은 일
수	오늘 내가 겪은 일
목	오늘 내가 겪은 일

이번주 후회 노트

○ 바꿀 수 있는 스트레스

○ 바꿀 수 없는 스트레스

하루하루 기분 노트

금	오늘 내가 겪은 일
토	오늘 내가 겪은 일
일	오늘 내가 겪은 일

🌟 이번주, 나에게 남기는 말

💎 다음주의 작은 목표

to do list

to do list

자동사고 기록지

생각의 습관에서 조금 벗어나 자유로워지고 싶을 때,
내가 끊어내기 어려운 상황을 떠올리며 감정을 기록해 보세요.

1. 상황
   (최근 겪은 일 중 가장 힘든 상황을 떠올리며 최대한 자세히 기록해 주세요.)

   언제:

   어디서:

   무엇을, 어떻게:

2. 감정
   (가장 강렬했던 감정을 고르고 점수를 기록해요. 1~10점)

   | 분노 | 슬픔 | 우울 | 성취감 | 불안 | 실망 | 기쁨 | 기타: |

3. 어떤 생각이 떠올랐나요? (상황에 대한 생각)

4. 최악의 경우, 어떤 일이 일어나리라 생각했나요? (생각으로 인한 결과)

5. 그때 떠오른 이미지는?
   (글로 적기 힘들면 그림을 그리거나 사진을 붙여도 좋아요.)

6. 내가 어떤 사람으로 보였을까?

자동사고

상황에 대한 생각
+
생각으로 나타날 결과
=

7. 생각을 믿는 정도는? _____%

나의 일주일 체크하기

일주일 동안 내 기분의 변화, 생활습관을 체크하는 간단한 질문입니다.
해당되는 내용에 √ 체크하거나 간단한 정보를 적어주세요.

오늘 하루 어땠나요?		
날짜를 표시해주세요.		
매사에 자신감이 있고 잠을 적게 자도 덜 피곤합니다.	3	
하고 싶은 말이나 의욕, 자신감에 차 있는 상태예요.	2	
기분이 좋고 즐겁고 신이 나며 의욕적이에요.	1	
기분은 보통이고 편안합니다.	0	
시큰둥하고 의욕이 다소 떨어지나, 맡은 일은 할 수 있어요.	-1	
좀 우울하고 자신감과 의욕이 떨어진 상태. 일상생활이 약간 버겁게 느껴져요.	-2	
꽤 우울하고 기분이 처집니다. 외출, 쇼핑을 포함한 사회생활에 뚜렷한 지장이 있어요.	-3	
어젯밤 잠은 몇 시간 잤나요?		
몸무게가 변하지는 않았나요? (변화 있을 때만 기입)		
생리 기간을 표시해주세요 (해당되는 분만 표시)		
술을 마셨다면 종류와 양을 표시해주세요		
오늘따라 폭식하지는 않았나요? (√로 표시)		
공황 혹은 신체 불안 증상이 있었나요? (√로 표시)		
걷기라도 좋아요. 운동을 했다면 종목과 운동량을 적어주세요		
복용 중인 약 때문에 불편한 점이 있었나요? 자세히 설명해주세요		

윤닥의 마음건강 어드바이스

| 재앙화 |

미래를 예상할 때 현실을 고려하지 않고 무조건 파국적으로 보는 오류예요.
부정적인 생각이 이어질 때 '정말 그럴까?'라고 질문해보세요.

나의 일주일 체크하기

_____년 _____월 2주차

월	화	수	목	금	토	일

memo

하루하루 기분노트

오늘 하루, 인상 깊은 사건이 있었나요?
상황을 적고 그때 든 생각을 짧게 기록해보세요.

월	오늘 내가 겪은 일
화	오늘 내가 겪은 일
수	오늘 내가 겪은 일
목	오늘 내가 겪은 일

💎 이번주 후회 노트

○ 바꿀 수 있는 스트레스

○ 바꿀 수 없는 스트레스

금	오늘 내가 겪은 일
토	오늘 내가 겪은 일
일	오늘 내가 겪은 일

💥 이번주, 나에게 남기는 말

💎 다음주의 작은 목표

to do list

to do list

자동사고 기록지

생각의 습관에서 조금 벗어나 자유로워지고 싶을 때,
내가 끊어내기 어려운 상황을 떠올리며 감정을 기록해 보세요.

1. 상황
   (최근 겪은 일 중 가장 힘든 상황을 떠올리며 최대한 자세히 기록해 주세요.)

   언제:

   어디서:

   무엇을, 어떻게:

2. 감정
   (가장 강렬했던 감정을 고르고 점수를 기록해요. 1~10점)

   분노   슬픔   우울   성취감   불안   실망   기쁨   기타:

3. 어떤 생각이 떠올랐나요? (상황에 대한 생각)

4. 최악의 경우, 어떤 일이 일어나리라 생각했나요? (생각으로 인한 결과)

자동사고 기록지

5. 그때 떠오른 이미지는?
   (글로 적기 힘들면 그림을 그리거나 사진을 붙여도 좋아요.)

6. 내가 어떤 사람으로 보였을까?

_____
_____
_____
_____

자동사고

상황에 대한 생각
+
생각으로 나타날 결과
=

7. 생각을 믿는 정도는? _____ %

나의 일주일 체크하기

일주일 동안 내 기분의 변화, 생활습관을 체크하는 간단한 질문입니다.
해당되는 내용에 √ 체크하거나 간단한 정보를 적어주세요.

오늘 하루 어땠나요?	
날짜를 표시해주세요.	
매사에 자신감이 있고 잠을 적게 자도 덜 피곤합니다.	3
하고 싶은 말이나 의욕, 자신감에 차 있는 상태예요.	2
기분이 좋고 즐겁고 신이 나며 의욕적이에요.	1
기분은 보통이고 편안합니다.	0
시큰둥하고 의욕이 다소 떨어지나, 맡은 일은 할 수 있어요.	-1
좀 우울하고 자신감과 의욕이 떨어진 상태. 일상생활이 약간 버겁게 느껴져요.	-2
꽤 우울하고 기분이 처집니다. 외출, 쇼핑을 포함한 사회생활에 뚜렷한 지장이 있어요.	-3
어젯밤 잠은 몇 시간 잤나요?	
몸무게가 변하지는 않았나요? (변화 있을 때만 기입)	
생리 기간을 표시해주세요 (해당되는 분만 표시)	
술을 마셨다면 종류와 양을 표시해주세요	
오늘따라 폭식하지는 않았나요? (√로 표시)	
공황 혹은 신체 불안 증상이 있었나요? (√로 표시)	
걷기라도 좋아요. 운동을 했다면 종목과 운동량을 적어주세요	
복용 중인 약 때문에 불편한 점이 있었나요? 자세히 설명해주세요	

윤닥의 마음건강 어드바이스

| 명명하기 |

라벨링(Labeling)이라고도 해요. 나를 비롯한 다른 사람들, 심지어 특정 상황에 대해 고정적이고 부정적인 이름을 붙이는 거예요. 고마운 일, 좋았던 일을 떠올리면 새로운 이름을 찾는 데 도움이 돼요.

나의 일주일 체크하기

_____년 ____월 3주차

월	화	수	목	금	토	일

memo

하루하루 기분 노트

오늘 하루, 인상 깊은 사건이 있었나요?
상황을 적고 그때 든 생각을 짧게 기록해보세요.

월	오늘 내가 겪은 일
화	오늘 내가 겪은 일
수	오늘 내가 겪은 일
목	오늘 내가 겪은 일

이번주 후회 노트

- 바꿀 수 있는 스트레스

- 바꿀 수 없는 스트레스

금	오늘 내가 겪은 일

토	오늘 내가 겪은 일

일	오늘 내가 겪은 일

🌟 이번주, 나에게 남기는 말

💎 다음주의 작은 목표

to do list

to do list

자동사고 기록지

생각의 습관에서 조금 벗어나 자유로워지고 싶을 때,
내가 끊어내기 어려운 상황을 떠올리며 감정을 기록해 보세요.

1. 상황
   (최근 겪은 일 중 가장 힘든 상황을 떠올리며 최대한 자세히 기록해 주세요.)

   언제:

   어디서:

   무엇을, 어떻게:

2. 감정
   (가장 강렬했던 감정을 고르고 점수를 기록해요. 1~10점)

   분노   슬픔   우울   성취감   불안   실망   기쁨   기타:

3. 어떤 생각이 떠올랐나요? (상황에 대한 생각)

4. 최악의 경우, 어떤 일이 일어나리라 생각했나요? (생각으로 인한 결과)

5. 그때 떠오른 이미지는?
   (글로 적기 힘들면 그림을 그리거나 사진을 붙여도 좋아요.)

6. 내가 어떤 사람으로 보였을까?

_____
_____
_____
_____

자동사고

상황에 대한 생각
+
생각으로 나타날 결과

=

7. 생각을 믿는 정도는? _____ %

나의 일주일 체크하기

일주일 동안 내 기분의 변화, 생활습관을 체크하는 간단한 질문입니다.
해당되는 내용에 √ 체크하거나 간단한 정보를 적어주세요.

오늘 하루 어땠나요?	
날짜를 표시해주세요.	
매사에 자신감이 있고 잠을 적게 자도 덜 피곤합니다.	3
하고 싶은 말이나 의욕, 자신감에 차 있는 상태예요.	2
기분이 좋고 즐겁고 신이 나며 의욕적이에요.	1
기분은 보통이고 편안합니다.	0
시큰둥하고 의욕이 다소 떨어지나, 맡은 일은 할 수 있어요.	-1
좀 우울하고 자신감과 의욕이 떨어진 상태. 일상생활이 약간 버겁게 느껴져요.	-2
꽤 우울하고 기분이 처집니다. 외출, 쇼핑을 포함한 사회생활에 뚜렷한 지장이 있어요.	-3
어젯밤 잠은 몇 시간 잤나요?	
몸무게가 변하지는 않았나요? (변화 있을 때만 기입)	
생리 기간을 표시해주세요 (해당되는 분만 표시)	
술을 마셨다면 종류와 양을 표시해주세요	
오늘따라 폭식하지는 않았나요? (√로 표시)	
공황 혹은 신체 불안 증상이 있었나요? (√로 표시)	
걷기라도 좋아요. 운동을 했다면 종목과 운동량을 적어주세요	
복용 중인 약 때문에 불편한 점이 있었나요? 자세히 설명해주세요	

윤닥의 마음건강 어드바이스

| 과대평가·과소평가 |

어떤 상황이나 자신을 평가할 때 부정적인 측면을 강조하고 긍정적인 면을 최소화하는 오류예요. 뒷장에 이어지는 '이번주, 나에게 남기는 말' 코너에 나를 칭찬하는 말을 꾸준히 적어 보는 건 어떨까요?

나의 일주일 체크하기

_____년 _____월 4주차

월	화	수	목	금	토	일

memo

하루하루 기분노트

오늘 하루, 인상 깊은 사건이 있었나요?
상황을 적고 그때 든 생각을 짧게 기록해보세요.

월	오늘 내가 겪은 일
화	오늘 내가 겪은 일
수	오늘 내가 겪은 일
목	오늘 내가 겪은 일

💎 이번주 후회 노트

○ 바꿀 수 있는 스트레스

○ 바꿀 수 없는 스트레스

금	오늘 내가 겪은 일
토	오늘 내가 겪은 일
일	오늘 내가 겪은 일

✨ 이번주, 나에게 남기는 말

💎 다음주의 작은 목표

to do list

to do list

자동사고 기록지

생각의 습관에서 조금 벗어나 자유로워지고 싶을 때,
내가 끊어내기 어려운 상황을 떠올리며 감정을 기록해 보세요.

1. 상황
   (최근 겪은 일 중 가장 힘든 상황을 떠올리며 최대한 자세히 기록해 주세요.)

   언제:

   어디서:

   무엇을, 어떻게:

2. 감정
   (가장 강렬했던 감정을 고르고 점수를 기록해요. 1~10점)

   분노   슬픔   우울   성취감   불안   실망   기쁨   기타:

3. 어떤 생각이 떠올랐나요? (상황에 대한 생각)

4. 최악의 경우, 어떤 일이 일어나리라 생각했나요? (생각으로 인한 결과)

5. 그때 떠오른 이미지는?
   (글로 적기 힘들면 그림을 그리거나 사진을 붙여도 좋아요.)

6. 내가 어떤 사람으로 보였을까?

자동사고

상황에 대한 생각
   ＋
생각으로 나타날 결과

7. 생각을 믿는 정도는? _____ %

나의 일주일 체크하기

일주일 동안 내 기분의 변화, 생활습관을 체크하는 간단한 질문입니다.
해당되는 내용에 √ 체크하거나 간단한 정보를 적어주세요.

오늘 하루 어땠나요?	
날짜를 표시해주세요.	
매사에 자신감이 있고 잠을 적게 자도 덜 피곤합니다.	3
하고 싶은 말이나 의욕, 자신감에 차 있는 상태예요.	2
기분이 좋고 즐겁고 신이 나며 의욕적이에요.	1
기분은 보통이고 편안합니다.	0
시큰둥하고 의욕이 다소 떨어지나, 맡은 일은 할 수 있어요.	-1
좀 우울하고 자신감과 의욕이 떨어진 상태. 일상생활이 약간 버겁게 느껴져요.	-2
꽤 우울하고 기분이 쳐집니다. 외출, 쇼핑을 포함한 사회생활에 뚜렷한 지장이 있어요.	-3
어젯밤 잠은 몇 시간 잤나요?	
몸무게가 변하지는 않았나요? (변화 있을 때만 기입)	
생리 기간을 표시해주세요 (해당되는 분만 표시)	
술을 마셨다면 종류와 양을 표시해주세요	
오늘따라 폭식하지는 않았나요? (√로 표시)	
공황 혹은 신체 불안 증상이 있었나요? (√로 표시)	
걷기라도 좋아요. 운동을 했다면 종목과 운동량을 적어주세요	
복용 중인 약 때문에 불편한 점이 있었나요? 자세히 설명해주세요	

윤닥의 마음건강 어드바이스

| 감정적 추론 |
근거를 무시하거나 생각하지 않고 감정만을 따라 결론을 내리는 오류를 의미해요. 내가 느끼는 감정으로 사실 여부를 판단하면 일상에 무수한 오해가 생기고, 관계로 인해 갈등을 겪을지도 몰라요.

나의 일주일 체크하기

_____ 년 _____ 월 5주차

월	화	수	목	금	토	일

memo

하루하루 기분 노트

오늘 하루, 인상 깊은 사건이 있었나요?
상황을 적고 그때 든 생각을 짧게 기록해보세요.

월	오늘 내가 겪은 일
화	오늘 내가 겪은 일
수	오늘 내가 겪은 일
목	오늘 내가 겪은 일

이번주 후회 노트

○ 바꿀 수 있는 스트레스

○ 바꿀 수 없는 스트레스

금	오늘 내가 겪은 일
토	오늘 내가 겪은 일
일	오늘 내가 겪은 일

🌟 이번주, 나에게 남기는 말

💎 다음주의 작은 목표

to do list

to do list

107

자동사고 기록지

생각의 습관에서 조금 벗어나 자유로워지고 싶을 때,
내가 끊어내기 어려운 상황을 떠올리며 감정을 기록해 보세요.

1. 상황
   (최근 겪은 일 중 가장 힘든 상황을 떠올리며 최대한 자세히 기록해 주세요.)

   언제: _____

   어디서: _____

   무엇을, 어떻게: _____

   _____

2. 감정
   (가장 강렬했던 감정을 고르고 점수를 기록해요. 1~10점)

   분노   슬픔   우울   성취감   불안   실망   기쁨   기타:

3. 어떤 생각이 떠올랐나요? (상황에 대한 생각)

   _____
   _____
   _____
   _____

4. 최악의 경우, 어떤 일이 일어나리라 생각했나요? (생각으로 인한 결과)

   _____
   _____
   _____
   _____

5. 그때 떠오른 이미지는?
 (글로 적기 힘들면 그림을 그리거나 사진을 붙여도 좋아요.)

6. 내가 어떤 사람으로 보였을까?

자동사고

상황에 대한 생각
+
생각으로 나타날 결과

=

7. 생각을 믿는 정도는? _____%

이달의 기분 모아보기

하루하루 기분을 들여다보기 전에 오늘을 설명할 수 있는 감정 스티커를 골라 붙이세요. 바빠서 기록을 세세히 남기지 못한 날에도 스티커로 표시하면 그날의 기분을 조금은 떠올릴 수 있어요.

_____년 ____월

일	월	화	수	목	금	토

나의 일주일 체크하기

일주일 동안 내 기분의 변화, 생활습관을 체크하는 간단한 질문입니다.
해당되는 내용에 √ 체크하거나 간단한 정보를 적어주세요.

오늘 하루 어땠나요?	
날짜를 표시해주세요.	
매사에 자신감이 있고 잠을 적게 자도 덜 피곤합니다.	3
하고 싶은 말이나 의욕, 자신감에 차 있는 상태예요.	2
기분이 좋고 즐겁고 신이 나며 의욕적이에요.	1
기분은 보통이고 편안합니다.	0
시큰둥하고 의욕이 다소 떨어지나, 맡은 일은 할 수 있어요.	-1
좀 우울하고 자신감과 의욕이 떨어진 상태. 일상생활이 약간 버겁게 느껴져요.	-2
꽤 우울하고 기분이 처집니다. 외출, 쇼핑을 포함한 사회생활에 뚜렷한 지장이 있어요.	-3
어젯밤 잠은 몇 시간 잤나요?	
몸무게가 변하지는 않았나요? (변화 있을 때만 기입)	
생리 기간을 표시해주세요 (해당되는 분만 표시)	
술을 마셨다면 종류와 양을 표시해주세요	
오늘따라 폭식하지는 않았나요? (√로 표시)	
공황 혹은 신체 불안 증상이 있었나요? (√로 표시)	
걷기라도 좋아요. 운동을 했다면 종목과 운동량을 적어주세요	
복용 중인 약 때문에 불편한 점이 있었나요? 자세히 설명해주세요	

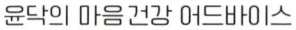

윤닥의 마음건강 어드바이스

| 정신적 여과 |

'선택적 추상' '필터링'이라고도 해요. 상황을 판단하고 해석할 때 전체를 보기보다 자기가 집중하고 있는 일부분에만 관심을 기울이면 오히려 놓치는 부분이 많아져요.

나의 일주일 체크하기

_____년 ____월 1주차

	월	화	수	목	금	토	일

memo

하루하루 기분 노트

오늘 하루, 인상 깊은 사건이 있었나요?
상황을 적고 그때 든 생각을 짧게 기록해보세요.

월	오늘 내가 겪은 일
화	오늘 내가 겪은 일
수	오늘 내가 겪은 일
목	오늘 내가 겪은 일

📘 이번주 후회 노트

○ 바꿀 수 있는 스트레스

○ 바꿀 수 없는 스트레스

하루하루 기분 노트

금	오늘 내가 겪은 일
토	오늘 내가 겪은 일
일	오늘 내가 겪은 일

🌟 이번주, 나에게 남기는 말

💎 다음주의 작은 목표

to do list

to do list

자동사고 기록지

생각의 습관에서 조금 벗어나 자유로워지고 싶을 때,
내가 끊어내기 어려운 상황을 떠올리며 감정을 기록해 보세요.

1. 상황
   (최근 겪은 일 중 가장 힘든 상황을 떠올리며 최대한 자세히 기록해 주세요.)

   언제:

   어디서:

   무엇을, 어떻게:

2. 감정
   (가장 강렬했던 감정을 고르고 점수를 기록해요. 1~10점)

   분노   슬픔   우울   성취감   불안   실망   기쁨   기타:

3. 어떤 생각이 떠올랐나요? (상황에 대한 생각)

4. 최악의 경우, 어떤 일이 일어나리라 생각했나요? (생각으로 인한 결과)

5. 그때 떠오른 이미지는?
   (글로 적기 힘들면 그림을 그리거나 사진을 붙여도 좋아요.)

6. 내가 어떤 사람으로 보였을까?

자동사고

상황에 대한 생각
+
생각으로 나타날 결과
=

7. 생각을 믿는 정도는? _____ %

나의 일주일 체크하기

일주일 동안 내 기분의 변화, 생활습관을 체크하는 간단한 질문입니다.
해당되는 내용에 √ 체크하거나 간단한 정보를 적어주세요.

오늘 하루 어땠나요?	
날짜를 표시해주세요.	
매사에 자신감이 있고 잠을 적게 자도 덜 피곤합니다.	3
하고 싶은 말이나 의욕, 자신감에 차 있는 상태예요.	2
기분이 좋고 즐겁고 신이 나며 의욕적이에요.	1
기분은 보통이고 편안합니다.	0
시큰둥하고 의욕이 다소 떨어지나, 맡은 일은 할 수 있어요.	-1
좀 우울하고 자신감과 의욕이 떨어진 상태. 일상생활이 약간 버겁게 느껴져요.	-2
꽤 우울하고 기분이 쳐집니다. 외출, 쇼핑을 포함한 사회생활에 뚜렷한 지장이 있어요.	-3
어젯밤 잠은 몇 시간 잤나요?	
몸무게가 변하지는 않았나요? (변화 있을 때만 기입)	
생리 기간을 표시해주세요 (해당되는 분만 표시)	
술을 마셨다면 종류와 양을 표시해주세요	
오늘따라 폭식하지는 않았나요? (√로 표시)	
공황 혹은 신체 불안 증상이 있었나요? (√로 표시)	
걷기라도 좋아요. 운동을 했다면 종목과 운동량을 적어주세요	
복용 중인 약 때문에 불편한 점이 있었나요? 자세히 설명해주세요	

윤닥의 마음건강 어드바이스

| 독심술의 오류 |

다른 사람들이 생각하는 바를 전부 알고 있다고 생각해 타인의 마음을 마음대로 추측하고 단정 지을 수 있어요. 관계가 고민이거나 신경 쓰이는 사람이 있을 때는 혼자 추측하지 말고 솔직한 말을 건네봐요.

나의 일주일 체크하기

_____년 ____월 2주차

	월	화	수	목	금	토	일

memo

하루하루 기분 노트

오늘 하루, 인상 깊은 사건이 있었나요?
상황을 적고 그때 든 생각을 짧게 기록해보세요.

월	오늘 내가 겪은 일
화	오늘 내가 겪은 일
수	오늘 내가 겪은 일
목	오늘 내가 겪은 일

🔷 이번주 후회 노트

◦ 바꿀 수 있는 스트레스

◦ 바꿀 수 없는 스트레스

하루하루 기분 노트

| 금 | 오늘 내가 겪은 일 |

🔹 다음주의 작은 목표

| 토 | 오늘 내가 겪은 일 |

| 일 | 오늘 내가 겪은 일 |

✨ 이번주, 나에게 남기는 말

to do list

to do list

자동사고 기록지

생각의 습관에서 조금 벗어나 자유로워지고 싶을 때,
내가 끊어내기 어려운 상황을 떠올리며 감정을 기록해 보세요.

1. 상황
   (최근 겪은 일 중 가장 힘든 상황을 떠올리며 최대한 자세히 기록해 주세요.)

   언제:

   어디서:

   무엇을, 어떻게:

2. 감정
   (가장 강렬했던 감정을 고르고 점수를 기록해요. 1~10점)

   분노   슬픔   우울   성취감   불안   실망   기쁨   기타:

3. 어떤 생각이 떠올랐나요? (상황에 대한 생각)

4. 최악의 경우, 어떤 일이 일어나리라 생각했나요? (생각으로 인한 결과)

자동사고 기록지

5. 그때 떠오른 이미지는?
   (글로 적기 힘들면 그림을 그리거나 사진을 붙여도 좋아요.)

6. 내가 어떤 사람으로 보였을까?

자동사고

상황에 대한 생각
+
생각으로 나타날 결과

=

7. 생각을 믿는 정도는? _____ %

나의 일주일 체크하기

일주일 동안 내 기분의 변화, 생활습관을 체크하는 간단한 질문입니다.
해당되는 내용에 √ 체크하거나 간단한 정보를 적어주세요.

오늘 하루 어땠나요?		
날짜를 표시해주세요.		
매사에 자신감이 있고 잠을 적게 자도 덜 피곤합니다.	3	
하고 싶은 말이나 의욕, 자신감에 차 있는 상태예요.	2	
기분이 좋고 즐겁고 신이 나며 의욕적이에요.	1	
기분은 보통이고 편안합니다.	0	
시큰둥하고 의욕이 다소 떨어지나, 맡은 일은 할 수 있어요.	-1	
좀 우울하고 자신감과 의욕이 떨어진 상태. 일상생활이 약간 버겁게 느껴져요.	-2	
꽤 우울하고 기분이 쳐집니다. 외출, 쇼핑을 포함한 사회생활에 뚜렷한 지장이 있어요.	-3	
어젯밤 잠은 몇 시간 잤나요?		
몸무게가 변하지는 않았나요? (변화 있을 때만 기입)		
생리 기간을 표시해주세요 (해당되는 분만 표시)		
술을 마셨다면 종류와 양을 표시해주세요		
오늘따라 폭식하지는 않았나요? (√로 표시)		
공황 혹은 신체 불안 증상이 있었나요? (√로 표시)		
걷기라도 좋아요. 운동을 했다면 종목과 운동량을 적어주세요		
복용 중인 약 때문에 불편한 점이 있었나요? 자세히 설명해주세요		

윤닥의 마음건강 어드바이스

| 지나친 일반화 |

우연히 일어난 사건을 '매번' '늘' '항상' '모두'와 같은 수식어를 붙이며 일반화해요. 내가 겪은 그 일이나 상황이 정말 '항상'이었는지 객관적으로 생각해볼 필요가 있어요.

나의 일주일 체크하기

_____년 ____월 3주차

월	화	수	목	금	토	일

memo

하루하루 기분 노트

오늘 하루, 인상 깊은 사건이 있었나요?
상황을 적고 그때 든 생각을 짧게 기록해보세요.

월	오늘 내가 겪은 일
화	오늘 내가 겪은 일
수	오늘 내가 겪은 일
목	오늘 내가 겪은 일

이번주 후회 노트

○ 바꿀 수 있는 스트레스

○ 바꿀 수 없는 스트레스

하루하루 기분 노트

금	오늘 내가 겪은 일
토	오늘 내가 겪은 일
일	오늘 내가 겪은 일

🌟 이번주, 나에게 남기는 말

💎 다음주의 작은 목표

to do list

to do list

자동사고 기록지

생각의 습관에서 조금 벗어나 자유로워지고 싶을 때,
내가 끊어내기 어려운 상황을 떠올리며 감정을 기록해 보세요.

1. 상황
   (최근 겪은 일 중 가장 힘든 상황을 떠올리며 최대한 자세히 기록해 주세요.)

   언제:

   어디서:

   무엇을, 어떻게:

2. 감정
   (가장 강렬했던 감정을 고르고 점수를 기록해요. 1~10점)

   분노   슬픔   우울   성취감   불안   실망   기쁨   기타:

3. 어떤 생각이 떠올랐나요? (상황에 대한 생각)

4. 최악의 경우, 어떤 일이 일어나리라 생각했나요? (생각으로 인한 결과)

5. 그때 떠오른 이미지는?
   (글로 적기 힘들면 그림을 그리거나 사진을 붙여도 좋아요.)

6. 내가 어떤 사람으로 보였을까?

_____
_____
_____
_____

자동사고

상황에 대한 생각
+
생각으로 나타날 결과
=

7. 생각을 믿는 정도는? _____%

나의 일주일 체크하기

일주일 동안 내 기분의 변화, 생활습관을 체크하는 간단한 질문입니다.
해당되는 내용에 √ 체크하거나 간단한 정보를 적어주세요.

오늘 하루 어땠나요?	
날짜를 표시해주세요.	
매사에 자신감이 있고 잠을 적게 자도 덜 피곤합니다.	3
하고 싶은 말이나 의욕, 자신감에 차 있는 상태예요.	2
기분이 좋고 즐겁고 신이 나며 의욕적이에요.	1
기분은 보통이고 편안합니다.	0
시큰둥하고 의욕이 다소 떨어지나, 맡은 일은 할 수 있어요.	-1
좀 우울하고 자신감과 의욕이 떨어진 상태. 일상생활이 약간 버겁게 느껴져요.	-2
꽤 우울하고 기분이 쳐집니다. 외출, 쇼핑을 포함한 사회생활에 뚜렷한 지장이 있어요.	-3
어젯밤 잠은 몇 시간 잤나요?	
몸무게가 변하지는 않았나요? (변화 있을 때만 기입)	
생리 기간을 표시해주세요 (해당되는 분만 표시)	
술을 마셨다면 종류와 양을 표시해주세요	
오늘따라 폭식하지는 않았나요? (√로 표시)	
공황 혹은 신체 불안 증상이 있었나요? (√로 표시)	
걷기라도 좋아요. 운동을 했다면 종목과 운동량을 적어주세요.	
복용 중인 약 때문에 불편한 점이 있었나요? 자세히 설명해주세요	

윤닥의 마음건강 어드바이스

| 자기 탓 |

부정적인 일이 벌어졌을 때 언제나 자신 때문이라고 생각해요. 다른 사람의 부정적인 행동 또한 진짜 이유를 찾기보다 '나 때문'이라고 믿어버리니 자주 상처 받을 수밖에요.

나의 일주일 체크하기

_____ 년 _____ 월 4주차

월	화	수	목	금	토	일

memo

하루하루 기분노트

오늘 하루, 인상 깊은 사건이 있었나요?
상황을 적고 그때 든 생각을 짧게 기록해보세요.

월	오늘 내가 겪은 일
화	오늘 내가 겪은 일
수	오늘 내가 겪은 일
목	오늘 내가 겪은 일

💎 이번주 후회 노트

- 바꿀 수 있는 스트레스

- 바꿀 수 없는 스트레스

금	오늘 내가 겪은 일
토	오늘 내가 겪은 일
일	오늘 내가 겪은 일

🌟 이번주, 나에게 남기는 말

💎 다음주의 작은 목표

to do list

to do list

자동사고 기록지

생각의 습관에서 조금 벗어나 자유로워지고 싶을 때,
내가 끊어내기 어려운 상황을 떠올리며 감정을 기록해 보세요.

1. 상황
   (최근 겪은 일 중 가장 힘든 상황을 떠올리며 최대한 자세히 기록해 주세요.)

   언제:

   어디서:

   무엇을, 어떻게:

2. 감정
   (가장 강렬했던 감정을 고르고 점수를 기록해요. 1~10점)

   | 분노 | 슬픔 | 우울 | 성취감 | 불안 | 실망 | 기쁨 | 기타: |

3. 어떤 생각이 떠올랐나요? (상황에 대한 생각)

4. 최악의 경우, 어떤 일이 일어나리라 생각했나요? (생각으로 인한 결과)

5. 그때 떠오른 이미지는?
   (글로 적기 힘들면 그림을 그리거나 사진을 붙여도 좋아요.)

6. 내가 어떤 사람으로 보였을까?

자동사고

상황에 대한 생각
+
생각으로 나타날 결과
=

7. 생각을 믿는 정도는? _____ %

나의 일주일 체크하기

일주일 동안 내 기분의 변화, 생활습관을 체크하는 간단한 질문입니다.
해당되는 내용에 √ 체크하거나 간단한 정보를 적어주세요.

오늘 하루 어땠나요?		
날짜를 표시해주세요.		
매사에 자신감이 있고 잠을 적게 자도 덜 피곤합니다.	3	
하고 싶은 말이나 의욕, 자신감에 차 있는 상태예요.	2	
기분이 좋고 즐겁고 신이 나며 의욕적이에요.	1	
기분은 보통이고 편안합니다.	0	
시큰둥하고 의욕이 다소 떨어지나, 맡은 일은 할 수 있어요.	-1	
좀 우울하고 자신감과 의욕이 떨어진 상태. 일상생활이 약간 버겁게 느껴져요.	-2	
꽤 우울하고 기분이 쳐집니다. 외출, 쇼핑을 포함한 사회생활에 뚜렷한 지장이 있어요.	-3	
어젯밤 잠은 몇 시간 잤나요?		
몸무게가 변하지는 않았나요? (변화 있을 때만 기입)		
생리 기간을 표시해주세요 (해당되는 분만 표시)		
술을 마셨다면 종류와 양을 표시해주세요		
오늘따라 폭식하지는 않았나요? (√로 표시)		
공황 혹은 신체 불안 증상이 있었나요? (√로 표시)		
걷기라도 좋아요. 운동을 했다면 종목과 운동량을 적어주세요		
복용 중인 약 때문에 불편한 점이 있었나요? 자세히 설명해주세요		

 윤닥의 마음건강 어드바이스

| 당위 진술 |

'당위'는 '마땅히 그렇게 하거나 되어야 하는 것'이라는 뜻이에요. 당위 진술 오류도 비슷해요. 고정된 사고를 품고 있어서 예측한 결과가 나오지 않으면 더 부정적으로 결과를 평가해요.

나의 일주일 체크하기

_____ 년 _____ 월 5주차

월	화	수	목	금	토	일

memo

하루하루기분노트

오늘 하루, 인상 깊은 사건이 있었나요?
상황을 적고 그때 든 생각을 짧게 기록해보세요.

월	오늘 내가 겪은 일
화	오늘 내가 겪은 일
수	오늘 내가 겪은 일
목	오늘 내가 겪은 일

 이번주 후회 노트

◦ 바꿀 수 있는 스트레스

◦ 바꿀 수 없는 스트레스

하루하루 기분 노트

금	오늘 내가 겪은 일
토	오늘 내가 겪은 일
일	오늘 내가 겪은 일

🌟 이번주, 나에게 남기는 말

다음주의 작은 목표

to do list

to do list

자동사고 기록지

생각의 습관에서 조금 벗어나 자유로워지고 싶을 때,
내가 끊어내기 어려운 상황을 떠올리며 감정을 기록해 보세요.

1. 상황
   (최근 겪은 일 중 가장 힘든 상황을 떠올리며 최대한 자세히 기록해 주세요.)

   언제:

   어디서:

   무엇을, 어떻게:

2. 감정
   (가장 강렬했던 감정을 고르고 점수를 기록해요. 1~10점)

   분노   슬픔   우울   성취감   불안   실망   기쁨   기타:

3. 어떤 생각이 떠올랐나요? (상황에 대한 생각)

4. 최악의 경우, 어떤 일이 일어나리라 생각했나요? (생각으로 인한 결과)

자동사고 기록지

5. 그때 떠오른 이미지는?
　(글로 적기 힘들면 그림을 그리거나 사진을 붙여도 좋아요.)

6. 내가 어떤 사람으로 보였을까?

자동사고

상황에 대한 생각
＋
생각으로 나타날 결과
＝

7. 생각을 믿는 정도는?　_____%

이달의 기분 모아보기

하루하루 기분을 들여다보기 전에 오늘을 설명할 수 있는
감정 스티커를 골라 붙이세요. 바빠서 기록을 세세히 남기지 못한 날에도
스티커로 표시하면 그날의 기분을 조금은 떠올릴 수 있어요.

_____년 ____월

일	월	화	수	목	금	토

나의 일주일 체크하기

일주일 동안 내 기분의 변화, 생활습관을 체크하는 간단한 질문입니다.
해당되는 내용에 √ 체크하거나 간단한 정보를 적어주세요.

오늘 하루 어땠나요?		
날짜를 표시해주세요.		
매사에 자신감이 있고 잠을 적게 자도 덜 피곤합니다.	3	
하고 싶은 말이나 의욕, 자신감에 차 있는 상태예요.	2	
기분이 좋고 즐겁고 신이 나며 의욕적이에요.	1	
기분은 보통이고 편안합니다.	0	
시큰둥하고 의욕이 다소 떨어지나, 맡은 일은 할 수 있어요.	-1	
좀 우울하고 자신감과 의욕이 떨어진 상태. 일상생활이 약간 버겁게 느껴져요.	-2	
꽤 우울하고 기분이 처집니다. 외출, 쇼핑을 포함한 사회생활에 뚜렷한 지장이 있어요.	-3	
어젯밤 잠은 몇 시간 잤나요?		
몸무게가 변하지는 않았나요? (변화 있을 때만 기입)		
생리 기간을 표시해주세요 (해당되는 분만 표시)		
술을 마셨다면 종류와 양을 표시해주세요		
오늘따라 폭식하지는 않았나요? (√로 표시)		
공황 혹은 신체 불안 증상이 있었나요? (√로 표시)		
걷기라도 좋아요. 운동을 했다면 종목과 운동량을 적어주세요		
복용 중인 약 때문에 불편한 점이 있었나요? 자세히 설명해주세요		

윤닥의 마음건강 어드바이스

| 터널 시야 |

말 그대로 터널 속을 지날 때처럼 시야가 좁아져서 어떤 상황에서도 부정적인 면만 봐요. 우울감이 심한 경우에 이 오류에 빠지기 쉬워요.

나의 일주일 체크하기

_____년 ____월 1주차

월	화	수	목	금	토	일

memo

하루하루 기분 노트

오늘 하루, 인상 깊은 사건이 있었나요?
상황을 적고 그때 든 생각을 짧게 기록해보세요.

월	오늘 내가 겪은 일
화	오늘 내가 겪은 일
수	오늘 내가 겪은 일
목	오늘 내가 겪은 일

💎 이번주 후회 노트

○ 바꿀 수 있는 스트레스

○ 바꿀 수 없는 스트레스

하루하루 기분 노트

금	오늘 내가 겪은 일
토	오늘 내가 겪은 일
일	오늘 내가 겪은 일

✦ 이번주, 나에게 남기는 말

💎 다음주의 작은 목표

to do list

to do list

자동사고기록지

생각의 습관에서 조금 벗어나 자유로워지고 싶을 때,
내가 끊어내기 어려운 상황을 떠올리며 감정을 기록해 보세요.

1. 상황
   (최근 겪은 일 중 가장 힘든 상황을 떠올리며 최대한 자세히 기록해 주세요.)

   언제: _____

   어디서: _____

   무엇을, 어떻게: _____
   _____

2. 감정
   (가장 강렬했던 감정을 고르고 점수를 기록해요. 1~10점)

   분노   슬픔   우울   성취감   불안   실망   기쁨   기타:

3. 어떤 생각이 떠올랐나요? (상황에 대한 생각)

   _____
   _____
   _____
   _____

4. 최악의 경우, 어떤 일이 일어나리라 생각했나요? (생각으로 인한 결과)

   _____
   _____
   _____
   _____

5. 그때 떠오른 이미지는?
 (글로 적기 힘들면 그림을 그리거나 사진을 붙여도 좋아요.)

6. 내가 어떤 사람으로 보였을까?

자동사고

상황에 대한 생각
+
생각으로 나타날 결과
=

7. 생각을 믿는 정도는? _____ %

나의 일주일 체크하기

일주일 동안 내 기분의 변화, 생활습관을 체크하는 간단한 질문입니다.
해당되는 내용에 √ 체크하거나 간단한 정보를 적어주세요.

오늘 하루 어땠나요?	
날짜를 표시해주세요.	
매사에 자신감이 있고 잠을 적게 자도 덜 피곤합니다.	3
하고 싶은 말이나 의욕, 자신감에 차 있는 상태예요.	2
기분이 좋고 즐겁고 신이 나며 의욕적이에요.	1
기분은 보통이고 편안합니다.	0
시큰둥하고 의욕이 다소 떨어지나, 맡은 일은 할 수 있어요.	-1
좀 우울하고 자신감과 의욕이 떨어진 상태. 일상생활이 약간 버겁게 느껴져요.	-2
꽤 우울하고 기분이 쳐집니다. 외출, 쇼핑을 포함한 사회생활에 뚜렷한 지장이 있어요.	-3
어젯밤 잠은 몇 시간 잤나요?	
몸무게가 변하지는 않았나요? (변화 있을 때만 기입)	
생리 기간을 표시해주세요 (해당되는 분만 표시)	
술을 마셨다면 종류와 양을 표시해주세요	
오늘따라 폭식하지는 않았나요? (√로 표시)	
공황 혹은 신체 불안 증상이 있었나요? (√로 표시)	
걷기라도 좋아요. 운동을 했다면 종목과 운동량을 적어주세요	
복용 중인 약 때문에 불편한 점이 있었나요? 자세히 설명해주세요	

윤닥의 마음건강 어드바이스

| 평가절하 |
자신의 긍정적인 특성을 평가절하하는 오류. 부족한 부분을 느끼면 열심히 노력하게 되는 건 맞지만, 항상 부족한 점만 떠올리고 장점이나 자질을 아예 무시하면 마음이 힘들어져요.

나의 일주일 체크하기

_____년 ____월 2주차

	월	화	수	목	금	토	일

memo

하루하루 기분 노트

오늘 하루, 인상 깊은 사건이 있었나요?
상황을 적고 그때 든 생각을 짧게 기록해보세요.

월	오늘 내가 겪은 일
화	오늘 내가 겪은 일
수	오늘 내가 겪은 일
목	오늘 내가 겪은 일

이번주 후회 노트

◦ 바꿀 수 있는 스트레스

◦ 바꿀 수 없는 스트레스

하루하루 기분 노트

금	오늘 내가 겪은 일
토	오늘 내가 겪은 일
일	오늘 내가 겪은 일

🌟 이번주, 나에게 남기는 말

💎 다음주의 작은 목표

to do list

to do list

자동사고 기록지

생각의 습관에서 조금 벗어나 자유로워지고 싶을 때,
내가 끊어내기 어려운 상황을 떠올리며 감정을 기록해 보세요.

1. 상황
   (최근 겪은 일 중 가장 힘든 상황을 떠올리며 최대한 자세히 기록해 주세요.)

   언제: _____

   어디서: _____

   무엇을, 어떻게: _____
   _____

2. 감정
   (가장 강렬했던 감정을 고르고 점수를 기록해요. 1~10점)

   분노   슬픔   우울   성취감   불안   실망   기쁨   기타:

3. 어떤 생각이 떠올랐나요? (상황에 대한 생각)
   _____
   _____
   _____
   _____

4. 최악의 경우, 어떤 일이 일어나리라 생각했나요? (생각으로 인한 결과)
   _____
   _____
   _____
   _____

5. 그때 떠오른 이미지는?
   (글로 적기 힘들면 그림을 그리거나 사진을 붙여도 좋아요.)

6. 내가 어떤 사람으로 보였을까?

_____
_____
_____
_____

자동사고

상황에 대한 생각
+
생각으로 나타날 결과

=

7. 생각을 믿는 정도는? _____ %

나의 일주일 체크하기

일주일 동안 내 기분의 변화, 생활습관을 체크하는 간단한 질문입니다.
해당되는 내용에 √ 체크하거나 간단한 정보를 적어주세요.

오늘 하루 어땠나요?		
날짜를 표시해주세요.		
매사에 자신감이 있고 잠을 적게 자도 덜 피곤합니다.	3	
하고 싶은 말이나 의욕, 자신감에 차 있는 상태예요.	2	
기분이 좋고 즐겁고 신이 나며 의욕적이에요.	1	
기분은 보통이고 편안합니다.	0	
시큰둥하고 의욕이 다소 떨어지나, 맡은 일은 할 수 있어요.	-1	
좀 우울하고 자신감과 의욕이 떨어진 상태. 일상생활이 약간 버겁게 느껴져요.	-2	
꽤 우울하고 기분이 처집니다. 외출, 쇼핑을 포함한 사회생활에 뚜렷한 지장이 있어요.	-3	
어젯밤 잠은 몇 시간 잤나요?		
몸무게가 변하지는 않았나요? (변화 있을 때만 기입)		
생리 기간을 표시해주세요 (해당되는 분만 표시)		
술을 마셨다면 종류와 양을 표시해주세요		
오늘따라 폭식하지는 않았나요? (√로 표시)		
공황 혹은 신체 불안 증상이 있었나요? (√로 표시)		
걷기라도 좋아요. 운동을 했다면 종목과 운동량을 적어주세요		
복용 중인 약 때문에 불편한 점이 있었나요? 자세히 설명해주세요		

 윤닥의 마음건강 어드바이스

| 점쟁이의 오류 |

예측 방향이 늘 비현실적이에요. 그런데도 그 부분을 사실로 받아들이고 지나친 비약으로 결론을 짓곤 해요. 이런 과정이 반복되면 삶이 고통스럽게 느껴질 수 있으니 주의해요.

나의 일주일 체크하기

_____ 년 _____ 월 3주차

월	화	수	목	금	토	일

memo

하루하루 기분 노트

오늘 하루, 인상 깊은 사건이 있었나요?
상황을 적고 그때 든 생각을 짧게 기록해보세요.

월	오늘 내가 겪은 일	**이번주 후회 노트**
화	오늘 내가 겪은 일	○ 바꿀 수 있는 스트레스
수	오늘 내가 겪은 일	○ 바꿀 수 없는 스트레스
목	오늘 내가 겪은 일	

하루하루 기분 노트

금	오늘 내가 겪은 일
토	오늘 내가 겪은 일
일	오늘 내가 겪은 일

★ 이번주, 나에게 남기는 말

◆ 다음주의 작은 목표

to do list

to do list

자동사고 기록지

생각의 습관에서 조금 벗어나 자유로워지고 싶을 때,
내가 끊어내기 어려운 상황을 떠올리며 감정을 기록해 보세요.

1. 상황
   (최근 겪은 일 중 가장 힘든 상황을 떠올리며 최대한 자세히 기록해 주세요.)

   언제:

   어디서:

   무엇을, 어떻게:

2. 감정
   (가장 강렬했던 감정을 고르고 점수를 기록해요. 1~10점)

   분노   슬픔   우울   성취감   불안   실망   기쁨   기타:

3. 어떤 생각이 떠올랐나요? (상황에 대한 생각)

4. 최악의 경우, 어떤 일이 일어나리라 생각했나요? (생각으로 인한 결과)

5. 그때 떠오른 이미지는?
   (글로 적기 힘들면 그림을 그리거나 사진을 붙여도 좋아요.)

6. 내가 어떤 사람으로 보였을까?

자동사고

상황에 대한 생각
+
생각으로 나타날 결과
=

7. 생각을 믿는 정도는? _____ %

나의 일주일 체크하기

일주일 동안 내 기분의 변화, 생활습관을 체크하는 간단한 질문입니다.
해당되는 내용에 √ 체크하거나 간단한 정보를 적어주세요.

오늘 하루 어땠나요?	
날짜를 표시해주세요.	
매사에 자신감이 있고 잠을 적게 자도 덜 피곤합니다.	3
하고 싶은 말이나 의욕, 자신감에 차 있는 상태예요.	2
기분이 좋고 즐겁고 신이 나며 의욕적이에요.	1
기분은 보통이고 편안합니다.	0
시큰둥하고 의욕이 다소 떨어지나, 맡은 일은 할 수 있어요.	-1
좀 우울하고 자신감과 의욕이 떨어진 상태. 일상생활이 약간 버겁게 느껴져요.	-2
꽤 우울하고 기분이 처집니다. 외출, 쇼핑을 포함한 사회생활에 뚜렷한 지장이 있어요.	-3
어젯밤 잠은 몇 시간 잤나요?	
몸무게가 변하지는 않았나요? (변화 있을 때만 기입)	
생리 기간을 표시해주세요 (해당되는 분만 표시)	
술을 마셨다면 종류와 양을 표시해주세요	
오늘따라 폭식하지는 않았나요? (√로 표시)	
공황 혹은 신체 불안 증상이 있었나요? (√로 표시)	
걷기라도 좋아요. 운동을 했다면 종목과 운동량을 적어주세요.	
복용 중인 약 때문에 불편한 점이 있었나요? 자세히 설명해주세요	

윤닥의 마음건강 어드바이스

| 임의적 추론 |

증거가 없거나 근거가 충분하지도 않은데, 결론을 내는 경우가 있어요. 대개 이런 유형의 사람들은 최악의 시나리오를 자주 상상해요. 오늘 하루, 보고 싶은 것만 보고 믿고 싶은 대로 믿지는 않았나요? 스스로 점검해봐요.

나의 일주일 체크하기

_____년 ____월 4주차

월	화	수	목	금	토	일

memo

하루하루 기분노트

오늘 하루, 인상 깊은 사건이 있었나요?
상황을 적고 그때 든 생각을 짧게 기록해보세요.

월	오늘 내가 겪은 일
화	오늘 내가 겪은 일
수	오늘 내가 겪은 일
목	오늘 내가 겪은 일

💎 이번주 후회 노트

○ 바꿀 수 있는 스트레스

○ 바꿀 수 없는 스트레스

하루하루 기분 노트

금	오늘 내가 겪은 일
토	오늘 내가 겪은 일
일	오늘 내가 겪은 일

✨ 이번주, 나에게 남기는 말

💎 다음주의 작은 목표

to do list

to do list

자동사고 기록지

생각의 습관에서 조금 벗어나 자유로워지고 싶을 때,
내가 끊어내기 어려운 상황을 떠올리며 감정을 기록해 보세요.

1. 상황
   (최근 겪은 일 중 가장 힘든 상황을 떠올리며 최대한 자세히 기록해 주세요.)

   언제:

   어디서:

   무엇을, 어떻게:

2. 감정
   (가장 강렬했던 감정을 고르고 점수를 기록해요. 1~10점)

   분노   슬픔   우울   성취감   불안   실망   기쁨   기타:

3. 어떤 생각이 떠올랐나요? (상황에 대한 생각)

4. 최악의 경우, 어떤 일이 일어나리라 생각했나요? (생각으로 인한 결과)

5. 그때 떠오른 이미지는?
   (글로 적기 힘들면 그림을 그리거나 사진을 붙여도 좋아요.)

6. 내가 어떤 사람으로 보였을까?

자동사고

상황에 대한 생각
   +
생각으로 나타날 결과

=

7. 생각을 믿는 정도는? _____ %

나의 일주일 체크하기

일주일 동안 내 기분의 변화, 생활습관을 체크하는 간단한 질문입니다.
해당되는 내용에 √ 체크하거나 간단한 정보를 적어주세요.

오늘 하루 어땠나요?	
날짜를 표시해주세요.	
매사에 자신감이 있고 잠을 적게 자도 덜 피곤합니다.	3
하고 싶은 말이나 의욕, 자신감에 차 있는 상태예요.	2
기분이 좋고 즐겁고 신이 나며 의욕적이에요.	1
기분은 보통이고 편안합니다.	0
시큰둥하고 의욕이 다소 떨어지나, 맡은 일은 할 수 있어요.	-1
좀 우울하고 자신감과 의욕이 떨어진 상태. 일상생활이 약간 버겁게 느껴져요.	-2
꽤 우울하고 기분이 쳐집니다. 외출, 쇼핑을 포함한 사회생활에 뚜렷한 지장이 있어요.	-3
어젯밤 잠은 몇 시간 잤나요?	
몸무게가 변하지는 않았나요? (변화 있을 때만 기입)	
생리 기간을 표시해주세요 (해당되는 분만 표시)	
술을 마셨다면 종류와 양을 표시해주세요	
오늘따라 폭식하지는 않았나요? (√로 표시)	
공황 혹은 신체 불안 증상이 있었나요? (√로 표시)	
걷기라도 좋아요. 운동을 했다면 종목과 운동량을 적어주세요	
복용 중인 약 때문에 불편한 점이 있었나요? 자세히 설명해주세요	

윤닥의 마음건강 어드바이스

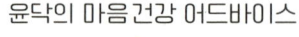

| 개인화 |

부정적인 상황이 벌어졌을 때 필요 이상으로 책임과 비난을 감수하는 사람들이 있어요. 전혀 근거 없는 외부 사건마저 자신과 연결해 생각하는 거예요. 불안하고 초조할 때는 내가 겪은 일상을 돌아보며 객관적 증거를 수집해봐요.

나의 일주일 체크하기

_____ 년 _____ 월 5주차

월	화	수	목	금	토	일

memo

하루하루 기분 노트

오늘 하루, 인상 깊은 사건이 있었나요?
상황을 적고 그때 든 생각을 짧게 기록해보세요.

월	오늘 내가 겪은 일	
화	오늘 내가 겪은 일	
수	오늘 내가 겪은 일	
목	오늘 내가 겪은 일	

이번주 후회 노트

◦ 바꿀 수 있는 스트레스

◦ 바꿀 수 없는 스트레스

하루하루 기분 노트

금	오늘 내가 겪은 일
토	오늘 내가 겪은 일
일	오늘 내가 겪은 일

🌟 이번주, 나에게 남기는 말

💎 다음주의 작은 목표

to do list

to do list

자동사고 기록지

생각의 습관에서 조금 벗어나 자유로워지고 싶을 때,
내가 끊어내기 어려운 상황을 떠올리며 감정을 기록해 보세요.

1. 상황
   (최근 겪은 일 중 가장 힘든 상황을 떠올리며 최대한 자세히 기록해 주세요.)

   언제:

   어디서:

   무엇을, 어떻게:

2. 감정
   (가장 강렬했던 감정을 고르고 점수를 기록해요. 1~10점)

   분노   슬픔   우울   성취감   불안   실망   기쁨   기타:

3. 어떤 생각이 떠올랐나요? (상황에 대한 생각)

4. 최악의 경우, 어떤 일이 일어나리라 생각했나요? (생각으로 인한 결과)

5. 그때 떠오른 이미지는?
   (글로 적기 힘들면 그림을 그리거나 사진을 붙여도 좋아요.)

6. 내가 어떤 사람으로 보였을까?

자동사고

7. 생각을 믿는 정도는? _____ %

쓰다 보면 마음이 단단해지는
90일 감정 노트

초판 1쇄 발행 2023년 12월 20일
초판 2쇄 발행 2024년 9월 10일

지은이	윤닥(윤동욱)
책임편집	박햇님
디자인	타입매터스
일러스트	키큰나무의 마니 @talltree_mani
마케팅	차정희 정연주 이하늘

펴낸곳	와이디퍼포먼스
등록	2023년 7월 17일 제333-2023-000022호
주소	부산광역시 해운대구 해운대로 407 신세계프라자 303호
전화	051-747-8005
팩스	051-747-8048
전자우편	ydlabnbook@naver.com

ⓒ 윤닥
ISBN 979-11-984015-0-2 (03190)

이 책의 본문에는 마포구 브랜드 서체
Mapo금빛나루(마기찬 디자인)가 사용되었습니다.

- 이 책 내용의 전부 또는 일부를 재사용하려면 반드시 저작권자와 와이디퍼포먼스 양측의 동의를 받아야 합니다.
- 잘못된 책은 구입한 곳에서 바꾸어 드립니다.
- 책값은 뒤표지에 있습니다.

감정 스티커

기쁨 　 공포 　 놀람 　 슬픔 　 혐오 　 분노

기대 　 평온 　 불안 　 걱정 　 지루함 　 짜증

호기심 　 사랑 　 좌절 　 질투 　 실망 　 후회

기쁨 　 공포 　 놀람 　 슬픔 　 혐오 　 분노

기대 　 평온 　 불안 　 걱정 　 지루함 　 짜증

호기심 　 사랑 　 좌절 　 질투 　 실망 　 후회

감정 스티커

기쁨	공포	놀람	슬픔	혐오	분노

기대	평온	불안	걱정	지루함	짜증

호기심	사랑	좌절	질투	실망	후회

기쁨	공포	놀람	슬픔	혐오	분노

기대	평온	불안	걱정	지루함	짜증

호기심	사랑	좌절	질투	실망	후회

감정 스티커

기쁨	공포	놀람	슬픔	혐오	분노

기대	평온	불안	걱정	지루함	짜증

호기심	사랑	좌절	질투	실망	후회

기쁨	공포	놀람	슬픔	혐오	분노

기대	평온	불안	걱정	지루함	짜증

호기심	사랑	좌절	질투	실망	후회

감정 스티커

기쁨   공포   놀람   슬픔   혐오   분노

기대   평온   불안   걱정   지루함   짜증

호기심   사랑   좌절   질투   실망   후회

기쁨   공포   놀람   슬픔   혐오   분노

기대   평온   불안   걱정   지루함   짜증

호기심   사랑   좌절   질투   실망   후회

감정 스티커

기쁨 　 공포 　 놀람 　 슬픔 　 혐오 　 분노

기대 　 평온 　 불안 　 걱정 　 지루함 　 짜증

호기심 　 사랑 　 좌절 　 질투 　 실망 　 후회

기쁨 　 공포 　 놀람 　 슬픔 　 혐오 　 분노

기대 　 평온 　 불안 　 걱정 　 지루함 　 짜증

호기심 　 사랑 　 좌절 　 질투 　 실망 　 후회

감정 스티커

기쁨 　 공포 　 놀람 　 슬픔 　 혐오 　 분노

기대 　 평온 　 불안 　 걱정 　 지루함 　 짜증

호기심 　 사랑 　 좌절 　 질투 　 실망 　 후회

기쁨 　 공포 　 놀람 　 슬픔 　 혐오 　 분노

기대 　 평온 　 불안 　 걱정 　 지루함 　 짜증

호기심 　 사랑 　 좌절 　 질투 　 실망 　 후회

명언 스티커

"더 기뻐하라. 사소한 일이라도 한껏 기뻐하라."
_ 시인·철학자, 프리드리히 니체

"당신이 들어가기 두려워하는 바로 그 동굴 안에 당신이 찾는 보물이 숨어 있다."
_ 종교학자·신화학자, 조지프 존 캠벨

"인생에서 가장 중요한 것은 '놀라움'이다. 그것이 당신의 인생을 완전히 바꿀 수 있다."
_ 물리학자, 알버트 아인슈타인

"행복이라는 단어 자체도 슬픔에 의해 균형 잡히지 않으면 그 의미를 잃는다."
_ 의사·심리학자, 칼 구스타브 융

"인간은 생각과 행동으로 혐오를 만들어 냅니다. 그러므로 생각과 행동을 바꾸면 혐오를 없앨 수 있습니다." _ 전 정치인·인권 운동가, 넬슨 만델라

"표현되지 않는 감정은 죽어 없어지지 않는다. 감정이 살아서 묻히면 더 괴상한 모습으로 나타난다." _ 의사·심리학자, 지그문트 프로이트

"바로잡는 것은 많은 일을 하지만 격려는 더 많은 일을 한다." _ 작가·철학자, 요한 볼프강 폰 괴테

"상대방과 오랫동안 좋은 관계를 유지하는 사람은 자신의 행동이 얼마나 사랑스러운지 신경 쓰지 않는다." _ 신학자·선교사, 월터 트로비쉬

"두려움은 비겁함이 아니다. 그것은 앞으로 닥쳐올 일에 충분히 대비하지 못했음을 알리는 우리 내면의 보호장치다." _ 교육자, 칼라 맥라렌

"우리는 실제로 벌어진 일보다는 앞으로의 일을 걱정하면서 마음의 고통을 겪는다."
_ 전 정치인, 토마스 제퍼슨

"지루함을 이겨라. 그것은 새로운 아이디어의 출발점일 뿐이다." _ 레이서, 마리오 안드레티

"짜증은 어떠한 문제도 해결하지 않는다. 오히려 문제를 더 크게 만들 수 있다."
_ 시인·영화배우, 마야 안젤루

명언 스티커

"호기심은 활기찬 지식인이 지니는 영원하고 확실한 특징 중 하나이다."
_ 시인·평론가, 새뮤얼 존슨

"사랑은 모든 상처를 치유하는 마법의 힘이다."
_ 작가·교육자·사회운동가, 헬렌 켈러

"한 번도 실수한 적이 없는 사람은 한 번도 새로운 것에 도전해본 적 없는 사람이다."
_ 물리학자, 알버트 아인슈타인

"당신이 평온과 행복을 찾았을 때 누군가 질투할지도 모른다. 그래도 행복하게 살아가라."
_ 수녀, 마더 테레사

"나는 한 인간에 불과하지만, 오롯한 인간이다. 나는 모든 것을 할 수는 없지만, 무엇인가 할 수 있다."
_ 작가·교육자·사회운동가, 헬렌 켈러

"지나간 길은 아름답다. 모든 것이 멀어진 뒤에 일정한 간격을 두고 바라보면 지나간 인생이 멋져 보인다." _ 소설가, 프란츠 카프카

"아무리 힘든 일이어도 누구나 하루는 견딜 수 있다."
_ 소설가, 로버트 루이스 스티븐슨

"나는 과거에 죄책감을 느끼고 미래에 두려움을 느낀다. 하지만 내가 행동을 취할 수 있는 건 현재뿐이다." _ 심리학자, 에이브러햄 매슬로

"열등감은 질병이 아니다. 우리가 도전하고 발전하는 데 필요한 자극제라고 생각하는 게 옳다."
_ 의사, 알프레드 아들러

"우리에게는 스스로를 더 사랑할 수 있는 능력이 있다. 사랑받을 자격이 있다."
_ 작가·심리학자, 루이스 헤이

"행복으로 가는 유일한 길은 우리 의지력을 넘어선 일들을 향한 걱정을 끊는 것이다."
_ 철학자, 에픽테토스

"실수할 때는 고통스럽지만, 몇 년이 지나면 우리는 이 실수를 모아놓고 경험이라 부르게 된다."
_ 작가, 데니스 웨이틀리

명언 스티커

"더 기뻐하라. 사소한 일이라도 한껏 기뻐하라."
_ 시인·철학자, 프리드리히 니체

"당신이 들어가기 두려워하는 바로 그 동굴 안에 당신이 찾는 보물이 숨어 있다."
_ 종교학자·신화학자, 조지프 존 캠벨

"인생에서 가장 중요한 것은 '놀라움'이다. 그것이 당신의 인생을 완전히 바꿀 수 있다."
_ 물리학자, 알버트 아인슈타인

"행복이라는 단어 자체도 슬픔에 의해 균형 잡히지 않으면 그 의미를 잃는다."
_ 의사·심리학자, 칼 구스타브 융

"인간은 생각과 행동으로 혐오를 만들어 냅니다. 그러므로 생각과 행동을 바꾸면 혐오를 없앨 수 있습니다." _ 전 정치인·인권 운동가, 넬슨 만델라

"표현되지 않는 감정은 죽어 없어지지 않는다. 감정이 살아서 묻히면 더 괴상한 모습으로 나타난다." _ 의사·심리학자, 지그문트 프로이트

"바로잡는 것은 많은 일을 하지만 격려는 더 많은 일을 한다." _ 작가·철학자, 요한 볼프강 폰 괴테

"상대방과 오랫동안 좋은 관계를 유지하는 사람은 자신의 행동이 얼마나 사랑스러운지 신경 쓰지 않는다." _ 신학자·선교사, 월터 트로비쉬

"두려움은 비겁함이 아니다. 그것은 앞으로 닥쳐올 일에 충분히 대비하지 못했음을 알리는 우리 내면의 보호장치다." _ 교육자, 칼라 맥라렌

"우리는 실제로 벌어진 일보다는 앞으로의 일을 걱정하면서 마음의 고통을 겪는다."
_ 전 정치인, 토마스 제퍼슨

"지루함을 이겨라. 그것은 새로운 아이디어의 출발점일 뿐이다." _ 레이서, 마리오 안드레티

"짜증은 어떠한 문제도 해결하지 않는다. 오히려 문제를 더 크게 만들 수 있다."
_ 시인·영화배우, 마야 안젤루

명언 스티커

"호기심은 활기찬 지식인이 지니는 영원하고 확실한 특징 중 하나이다."
_ 시인·평론가, 새뮤얼 존슨

"사랑은 모든 상처를 치유하는 마법의 힘이다."
_ 작가·교육자·사회운동가, 헬렌 켈러

"한 번도 실수한 적이 없는 사람은 한 번도 새로운 것에 도전해본 적 없는 사람이다."
_ 물리학자, 알버트 아인슈타인

"당신이 평온과 행복을 찾았을 때 누군가 질투할지도 모른다. 그래도 행복하게 살아가라."
_ 수녀, 마더 테레사

"나는 한 인간에 불과하지만, 오롯한 인간이다. 나는 모든 것을 할 수는 없지만, 무엇인가 할 수 있다."
_ 작가·교육자·사회운동가, 헬렌 켈러

"지나간 길은 아름답다. 모든 것이 멀어진 뒤에 일정한 간격을 두고 바라보면 지나간 인생이 멋져 보인다." _ 소설가, 프란츠 카프카

"아무리 힘든 일이어도 누구나 하루는 견딜 수 있다."
_ 소설가, 로버트 루이스 스티븐슨

"나는 과거에 죄책감을 느끼고 미래에 두려움을 느낀다. 하지만 내가 행동을 취할 수 있는 건 현재뿐이다." _ 심리학자, 에이브러햄 매슬로

"열등감은 질병이 아니다. 우리가 도전하고 발전하는 데 필요한 자극제라고 생각하는 게 옳다."
_ 의사, 알프레드 아들러

"우리에게는 스스로를 더 사랑할 수 있는 능력이 있다. 사랑받을 자격이 있다."
_ 작가·심리학자, 루이스 헤이

"행복으로 가는 유일한 길은 우리 의지력을 넘어선 일들을 향한 걱정을 끊는 것이다."
_ 철학자, 에픽테토스

"실수할 때는 고통스럽지만, 몇 년이 지나면 우리는 이 실수를 모아놓고 경험이라 부르게 된다."
_ 작가, 데니스 웨이틀리